Clemens Waldherr

Himmlische Weihnachtsbäckerei

Für Brigitte

Ich möchte meiner Familie und meinem Bäckerei-Team herzlich für die großartige Unterstützung bei der Entstehung dieses Buches danken.

ISBN 978-3-86214-033-6

Umschlaggestaltung: Grafik & Design Rosa Wellhöfer, Augsburg
unter Verwendung von Fotos von Fotolia.com
Grafik: Linea Art, Wien
Fotos: Peter Barci, Wien, ausgenommen:
S. 9, 11, 13, 15, 16, 103 Peter Schweiger, S. 23 Archiv
S. 22, 26, 40, 53, 101, 127 iStockphoto.com

Druck und Bindung: Salzland Druck, Staßfurt

Ein Verlagsverzeichnis schicken wir Ihnen gern:
ALLPART MEDIA GmbH, Neue Grünstr. 18, 10179 Berlin
Tel. 018 05/30 99 99 (0,14 €/Min., Mobil max. 0,42 €/Min.)

Die Bücher der ALLPART MEDIA werden vertrieben von der Eulenspiegel Verlagsgruppe. **www.allpart-verlag.de**

Clemens Waldherr

Himmlische Weihnachtsbäckerei

Vollkornrezepte

Backen mit Kindern

Plus: Vegane und glutenfreie Rezepte

ALLPART MEDIA

Kekserl & Krapferl

Busserl & Makronen

Konfekt

Info

Weihnachtsklassiker & Lebkuchen

Torten, Kuchen & Schnitten

International

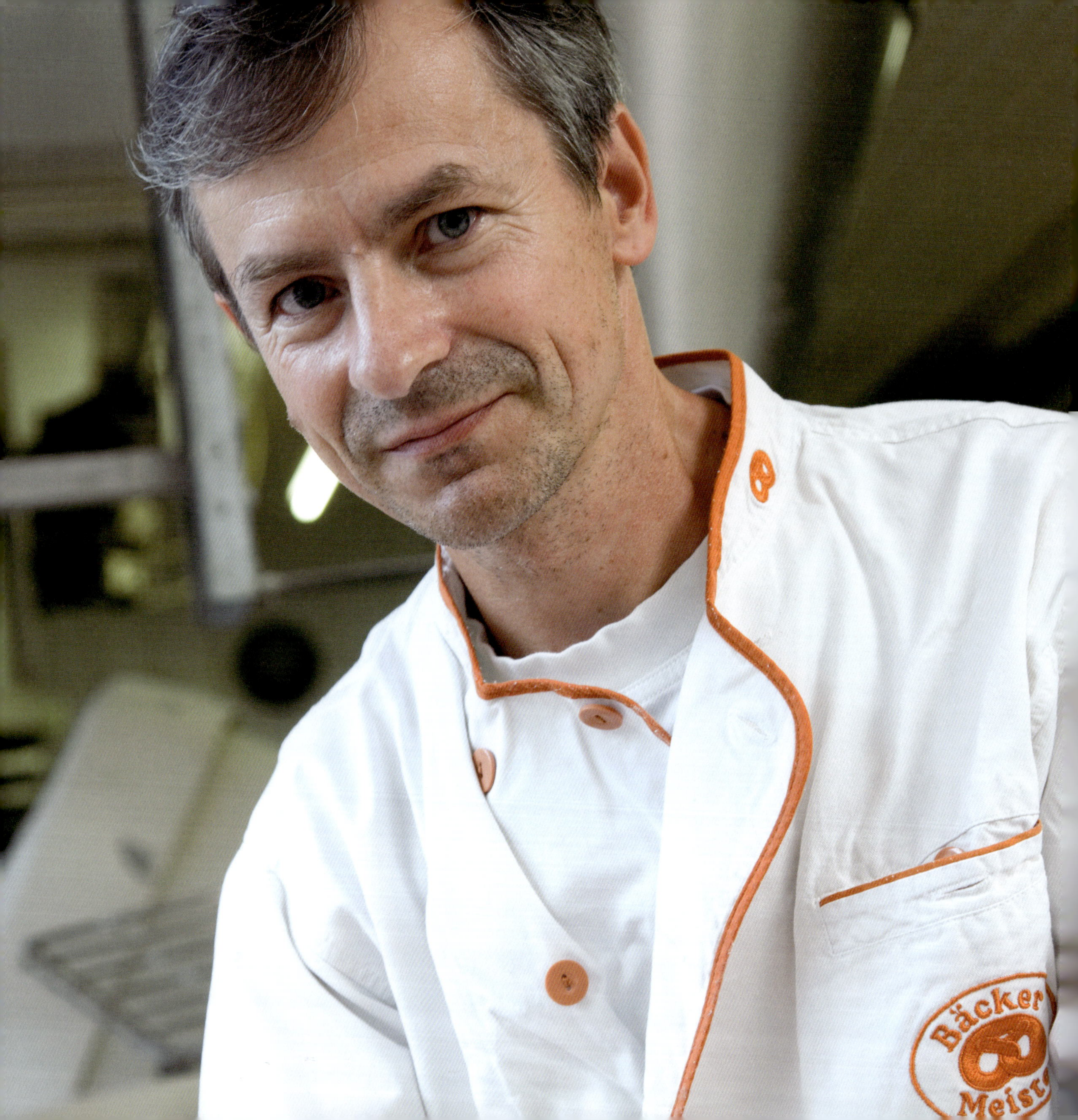

Bäcker

VORWORT

Backen macht Spaß, besonders in der Adventszeit. Mit dem Genuss von selbstgemachten Leckereien kann man wunderbar zur Ruhe kommen und sich und anderen Menschen Freude bereiten.

Mit unserem Buch wollen wir Sie dabei unterstützen, gute und gesunde Kekserl, Gugelhupf oder Lebkuchen zu fertigen. Wir wollen Sie motivieren, Neues oder Traditionelles in Vollkorn-Variante auszuprobieren. Sie werden sehen: Das Backen von gesunden Naschereien unterscheidet sich nicht wesentlich von der konventionellen Weise. Der Genuss ist jedoch viel höher. Das Arbeiten mit Zutaten aus kontrolliert biologischem Anbau vermittelt ein gutes Gefühl und verdoppelt oft die Freude am Geschaffenen.

Die Rezepte basieren alle auf biologischen Zutaten und sind größtenteils mit Vollkornmehl konzipiert. Einige Rezepte haben wir der Tradition entsprechend mit biologischem Auszugsmehl und Zucker belassen.

In diesem Buch gibt es auch Rezepte für Menschen, die mit Zöliakie leben müssen oder für jene, die die vegane Ernährungsform bevorzugen. Einen entsprechenden Hinweis finden Sie direkt beim jeweiligen Rezept.

Zum Thema Diabetes lässt uns Ernährungsexpertin Mag. Sabine Alena an den neuesten Erkenntnissen teilhaben.

Da wir selbst eine kinderreiche Familie sind, haben wir uns erlaubt, kinderleichte Rezepte entsprechend zu kennzeichnen. Viel Freude beim Backen und beim Genießen!

Ihr Vollkorn Bio-Bäckermeister

Clemens Waldherr & Team

WARUM VOLLKORN-BIO-BÄCKER?

Im Mainstream des Lebensmittelbereiches werden Sie Vollkorn-Bio-Bäcker Clemens Waldherr nicht finden. Mit vielen chemischen Hilfsmitteln industriell gefertigte Backwaren sind nicht seine Sache. Auch der Functional-Food-Welle samt künstlicher Anreicherung der Lebensmittel kann er nichts abgewinnen. Clemens Waldherr ist ein Meister des Bäckerhandwerks im traditionellen Sinne. Hinzu kommt die Überzeugung, dass die Verarbeitung von kontrolliert biologischen Zutaten der einzig richtige Weg ist, um auf verantwortungsvolle Weise Lebensmittel zu erzeugen. Seine Leidenschaft gehört der Herstellung von biologischen Vollkornbackwaren, da diese das Fundament einer gesunden Ernährung bilden.

Sein Weg zum Vollkorn-Bio-Bäcker begann Mitte der 90er Jahre. Ursprünglich war Clemens Waldherr Maschinenbauingenieur und arbeitete in der Automobilindustrie in Deutschland. Seine Eltern Alexander und Maria Waldherr führten seit den 50er Jahren eine kleine Bäckerei in Kleinhöflein (Burgenland) und wollten, dass er „alles, nur nicht Bäcker" werden sollte. Kurz bevor der Vater seinen Ruhestand antrat, hängte Clemens spontan seine technische Karriere an den Nagel und begann die Bäckerlehre.
Seine Lehr- und Gesellenjahre verrichtete er in verschiedenen Bäckereien. Nach Absolvierung der Meisterprüfung übernahm Clemens den elterlichen Betrieb und begann mit der Produktion von biologischem Vollkorngebäck. Seine größte Hürde war der Aufbau eines „Bio-Teams". Denn die Arbeitsweise in der Vollkorn-Bio-Backstube unterscheidet sich in vielen Bereichen von der konventionellen Bäckerei: Die Zutaten müssen einzeln besorgt werden, da nicht mit Fertigmischungen gearbeitet wird. Der Arbeitsablauf muss genau aufeinander abgestimmt werden, da ohne Backhilfsmittel gearbeitet wird. Zudem sind aufgrund der reinen Handarbeit nur fachlich qualifizierte Mitarbeiter am Werk. Aber die Mehrkosten (Personal, biologischer Einkauf etc.) nimmt Clemens Waldherr gerne in Kauf, um wirklich gute und gesunde Backwaren herstellen zu können.

Insgesamt 30 Mitarbeiter sind im Moment bei der Bäckerei Waldherr beschäftigt. Diese Größe soll beibehalten werden, denn nur so kann Waldherr auf den einzelnen Kunden eingehen. Besondere Freude bereitet dem Bäckermeister die individuelle Anfertigung von Brot und Gebäck für Allergiker.

Wenngleich er angesichts seiner 7-Tage-Woche gerne zugibt: „Es muss Spaß machen. Man muss mit Leib und Seele dabei sein, sonst schafft man das nicht." Und wer Clemens Waldherr kennt, weiß, dass er mit Leib und Seele Bio-Bäcker ist.

WARUM BIOLOGISCH?

Die ausschließliche Verarbeitung von Zutaten aus kontrolliert biologischem Anbau ist das „Fundament" unserer Bäckerei. Diese Lebensmittel werden ohne Einsatz chemisch-synthetischer Pflanzenschutzmittel, synthetischer Düngemittel und Gentechnik hergestellt. Daraus ergibt sich, dass biologische Zutaten weniger Schadstoffe als konventionelle enthalten. Der Begriff „biologisch" sollte aber nicht auf Rechenbeispiele bezüglich Schadstoffkontaminierung reduziert werden. Für uns spiegelt das Arbeiten mit biologischen Zutaten unsere Lebenseinstellung wider. Es bedeutet Rücksichtnahme auf die Natur, die Landwirtschaft und auf den Menschen selbst.

Auf einen einfachen Nenner gebracht: „Bio tut dem Menschen, aber auch dem Käfer auf dem Feld und somit der gesamten Natur gut." Wir sollten nachhaltig handeln, im Großen wie im Kleinen, schließlich haben wir „die Erde von unseren Kindern nur geborgt". Dies klingt vielleicht etwas pathetisch, aber wir haben nun einmal nur diese eine Erde zur Verfügung. Als Konsument können Sie bei jedem Einkauf einen kleinen Beitrag leisten, um Ihren sogenannten „ökologischen Fußabdruck" verträglicher zu gestalten.

Leider gibt es immer wieder Trittbrettfahrer im Bio-Bereich. „Naturnahe" Formulierungen (bzw. die Begriffe „kontrolliert" und „umweltgerecht") weisen nicht auf einen biologischen Ursprung hin, sondern wollen bewusst den Konsumenten in die Irre führen. Bitte achten Sie auf das echte Bio-Gütesiegel und fragen Sie gegebenenfalls nach dem Bio-Prüfzertifikat des jeweiligen Betriebes.

WARUM VOLLKORN?

In unserer Bäckerei bevorzugen wir Vollkornmehl. Die Unterscheidung von Auszugsmehl und Vollkornmehl ist von grundlegender Bedeutung. Das Getreidekorn besteht in der Regel aus dem Mehlkörper, dem Keimling und der Schale. Der Mehlkörper besteht aus Stärke und Klebereiweiß. Der Keimling beinhaltet lebenswichtige Fettsäuren, Vitamine und Mineralstoffe. Die Schale liefert Ballaststoffe, Mineralstoffe und Vitamine.
Beim Vollkornmehl wird das komplette Getreidekorn vermahlen, das heißt: Alle Inhaltsstoffe bleiben erhalten. Beim Auszugsmehl werden Keimling und Schale entfernt und nur der Mehlkörper findet Verwendung.

Die Backeigenschaften von Mehl sind verantwortlich für Volumen, Biss und Optik des Gebäcks. Sie hängen grundlegend davon ab, welches Mehl verwendet wird.

Auszugsmehl hat den Vorteil, dass es sich leichter verarbeiten lässt, da es – wie gesagt – nur den Mehlkörper enthält. Gebäck aus Auszugsmehl ist daher in der Regel heller und hat mehr Volumen. Der große Nachteil von „weißem" Mehl ist das Fehlen der Ballaststoffe, Vitamine, Mineralstoffe und Fettsäuren, welche für eine gesunde Ernährung essentiell sind.

Beim Vollkornmehl bleiben alle guten Eigenschaften des Getreidekorns erhalten und bilden die Basis für eine gesunde Ernährung. Die Ballaststoffe, Vitamine, Mineralstoffe und Fettsäuren machen das Vollkornmehl so wertvoll.

Die Verarbeitung von Vollkornmehl gestaltet sich etwas schwieriger, da die Quellfähigkeit der

Schale schwach ist. Vollkornmehl wird durch die enthaltenen Randschichten dunkler und weniger voluminös. Durch den Fettgehalt des Keimlings ist Vollkornmehl auch nicht lange lagerfähig.

Wir empfehlen, das Getreide möglichst frisch gemahlen zu verarbeiten, damit die wertvollen Vitamine nicht verloren gehen. Der wichtigste Grundsatz in unserer Backstube ist das tägliche Mahlen des Getreides zu Vollkornmehl (mit eigener Getreidemühle). Das Vollkornmehl wird dann sofort weiter verarbeitet.
Trotz der etwas schwierigeren Verarbeitung und vielleicht etwas ungewohnten Optik überwiegen die Vorteile des Vollkornmehls bei weitem. Wer auf einen gesunden Lebensstil Wert legt, kann auf Vollkornmehl einfach nicht verzichten.

WARUM GLUTENFREI?

Zöliakie (Glutenunverträglichkeit) ist eine chronische Erkrankung der Dünndarmschleimhaut, die eine spezielle Ernährungsweise erfordert. Durch glutenhaltige Nahrungsmittel entsteht eine Entzündung der Dünndarmschleimhaut mit oft ausgedehnter Zerstörung der Darmepithelzellen.
Das in diesem Fall „schädliche" Klebereiweiß kommt in fast allen Getreidesorten vor. Weizen, Roggen, Dinkel und Kamut enthalten Gluten und kommen daher bei Zöliakie nicht in Frage. Buchweizen, Amaranth, Quinoa, Hirse, Mais und Reis sind glutenfrei, aber wegen ihrer geringen Backfähigkeit sehr schwierig zu verarbeiten.
Wir empfehlen die Verwendung von speziell aufbereitetem glutenfreien Mehl (im Natur- und Reformhandel erhältlich). Damit erzielen Sie ein gutes und garantiert glutenfreies Backergebnis.

Natürlich gibt es auch eine Vielzahl von Leckereien, die ohne Mehl zubereitet werden können. Im Rezeptteil sind alle Rezepte gekennzeichnet, die sich für eine glutenfreie Ernährung eignen.

WARUM VEGAN?

Veganismus ist eine vorwiegend ethisch begründete Einstellung und Lebensweise, die den Konsum tierischer Produkte völlig ablehnt. Veganismus ist die strengste Form vegetarischer Ernährungsweise. Der Konsum von Fleisch, Milch, Eiern (in jeder Form), Gelatine und anderen Lebensmitteln tierischen Ursprungs (auch Honig!) wird vermieden.

Der Versuch, diese Produkte durch pflanzliche Alternativen zu ersetzen, gelingt in der Konditorei nur mäßig. Statt Butter kann man rein pflanzliche Margarine oder Öl verwenden. Honig kann natürlich durch Zucker oder besser durch Agavendicksaft ersetzt werden. Sojamilch oder Wasser haben ähnliche Eigenschaften beim Backen wie Kuhmilch.
Das Ei bleibt allerdings der Problemfall beim veganen Backen. Ein wirklich adäquater Ersatz für das vielseitig zum Einsatz kommende Ei konnte bislang nicht gefunden werden. Somit ist das Angebot an rein veganen Backwaren sehr begrenzt.

In unserer Vollkornbiobäckerei sind vegane Mehlspeisen fixer Bestandteil unserer Produktpalette. Im Rezeptteil finden Sie daher auch vegane Rezepte. Natürlich können Sie auch einige andere Rezepturen an die vegane Ernährungsweise anpassen.

Hinweis: Alle veganen Rezepte eignen sich auch für eine laktosefreie Ernährung, da auf alle tierischen Milchprodukte verzichtet wird.

GENUSS TROTZ DIABETES

von Ernährungswissenschaftlerin
Mag^{a}. Sabine Alena

Diagnose Diabetes – dies löst bei Betroffenen verständlicherweise meist Beklemmung und viel Unsicherheit aus. Aber: keine Angst! Mit der Erkrankung lässt es sich gut leben, wenn ärztliche Richtlinien beachtet und der Wille zu einer dauerhaften Ernährungsumstellung mitgebracht werden.

Diabetesgerecht zu essen bedeutet nämlich keinesfalls „Verzicht" oder „langweilige Diät". Im Gegenteil: Die Änderung des Lebensstils und der Ernährungsgewohnheiten ist für viele Betroffene oft ein großer Gewinn. Umstellung auf gesunde Gerichte und Vollwertkost spiegelt sich nämlich schon nach kurzer Zeit in Gesicht und Körper wider. Die bessere Versorgung mit Vitaminen, Mineralstoffen, Ballaststoffen und bioaktiven Pflanzeninhaltsstoffen lohnt sich, und wenn dazu noch ausreichend Bewegung hinein kommt, werden Muskulatur und Immunsystem gestärkt und das Herz-Kreislaufsystem besser trainiert. Diese Maßnahmen sind recht einfach und effektiv und wirken Komplikationen und möglichen schlimmen Spätfolgen der Diabetes direkt entgegen.

Die Dosis macht das Gift! Schon Paracelsus wusste das genau und warnte früh vor jeglichem Übermaß. Die Rechnung für eine „Langzeitüberdosierung" kulinarischer Genüsse wird uns heutzutage vor allem in Form zahlreicher sogenannter Zivilisationskrankheiten präsentiert. In Österreich sind (lt. Diabetesbericht) ca. 300.000 Menschen von Diabetes betroffen, die Dunkelziffer ist aber weit höher.

Die rasch wachsende Zunahme an Diabetes-Neuerkrankungen fußt vor allem auf dem rasanten Anstieg bei den Typ-2-Diabetikern. Ab dem 40. Lebensjahr (oder später) macht sich die Krankheit bemerkbar und geht nicht selten mit Übergewicht, Bluthochdruck und erhöhten Blutfettwerten einher.

Was im Körper passiert

Diabetes mellitus bedeutet „honigsüßer Durchfluss" und ist eine Stoffwechselentgleisung. Nach dem Essen von stärke- und vor allem zuckerhaltigen Lebensmitteln steigt der Blutzuckerspiegel bei Diabetikern höher an, als dies bei Menschen mit einem gesunden Zuckerstoffwechsel der Fall ist. Bei Überschreitung eines Schwellenwertes reagiert der Körper mit der Ausscheidung des Zuckers über die Nieren. Das ist leicht messbar, Urinzucker findet man bei hohen Blutzuckerwerten von mehr als 180–200 Milligramm pro 100 Milliliter (als Normalwerte gelten: 60–140 Milligramm pro 100 Milliliter). Grund für Blutzuckererhöhung kann ein Mangel an Insulin (Hormon der Bauchspeicheldrüse) sein. Für die Energiegewinnung der Zellen stehen dann kaum Kohlenhydrate zur Verfügung.

Keine Verbote, dafür Konsequenz

Mit der Nahrung sollen wir unserem Körper alles zuführen, was er braucht: Nährstoffe und andere gesundheitsfördernde Substanzen. Im Falle einer Diabeteserkrankung gelten allerdings etwas strengere Richtlinien als beim gesunden Menschen. Um die Bauchspeicheldrüse zu entlasten, wird empfohlen, die insulinabhängigen Kohlenhydrate (vor allem Zucker und Stärke) über den Tag gleichmäßig verteilt aufzunehmen. Damit bleibt auch die persönliche Leistungskurve stabil. Müdigkeit und Abgeschlagenheit werden ausgetrickst.

Übergewicht belastet Herz und Kreislauf, eine erfolgreiche Diabetestherapie räumt somit auch der Gewichtsreduktion einen großen Stellenwert ein. Oft helfen kleine Schritte: Mehr Bewegung in das Alltagsleben einbauen (Stiegen steigen, kurze Strecken zu Fuß oder mit dem Fahrrad zurücklegen etc.), die Fettzufuhr reduzieren und dabei auf hochwertige Fette achten (Pflanzenöle).

Kohlenhydrate sind besonders wichtig

Kohlenhydrate, die kontrolliert und über den Tag verteilt gegessen werden, sind ein ganz wesentlicher Bestandteil der Diabetiker-Ernährung. Zur Berechnung der Kohlenhydratzufuhr werden Kohlenhydrateinheiten (KHE/KE) bzw. Broteinheiten (BE) herangezogen. Wenn der tägliche Bedarf gut abgeschätzt werden kann, gilt es auch, besonders auf die Qualität der zugeführten Lebensmittel zu achten. Diesbezüglich außergewöhnlich wertvoll sind Vollkornprodukte, denn hier stecken noch alle Vitamine, Mineralstoffe und Ballaststoffe im ganzen Korn. Hierfür sollte viel Platz im täglichen Speiseplan vorgesehen sein.

Süßes – ein Teil unserer Kultur

Hausgemachte Mehlspeisen und Kekse sind Teil unserer österreichischen Kultur. Und auch für Menschen, die mit Diabetes leben, ist keinesfalls absoluter Verzicht auf die süßen Seiten des Lebens notwendig. Leckereien sollen aber das bleiben, was sie eigentlich sind: besondere Gustostückerl für ab und zu. Ein kleineres Stück Mehlspeise (auch selbst gebacken) genussvoll verzehrt, schadet dann nicht, sondern bereitet viel Freude!

WELCHE ZUTATEN?

Ein Grundsatz unserer Philosophie ist die Verwendung von Zutaten aus kontrolliert biologischem Anbau. Die Verarbeitung und der Verkauf von biologischen Produkten unterliegen strengen Kontrollen. Sie können sich darauf verlassen, von biozertifizierten Betrieben nur echt biologische Waren zu erhalten. Ein weiterer Schwerpunkt in unserer Bäckerei liegt in der Verarbeitung bestimmter Zutaten. Wir bevorzugen Vollkornmehl aus den Getreidearten Dinkel und Kamut, Butter und Honig. Außerdem werden in unserer Backstube keine Fertigmischungen, Konservierungsmittel, Aufschlagmittel oder andere chemische Zusätze verwendet. Nur erstklassige frische Zutaten ergeben ein erstklassiges Backergebnis.
Nachfolgend möchten wir kurz auf die wichtigsten Zutaten eingehen:

WEIZENKORN

Weizen ist nach Gerste die älteste Getreideart und nach Mais das meist angebaute Getreide der Welt. Der heutige Weizen ging aus der Kreuzung mehrerer Getreide- und Wildgrasarten hervor. Die ersten von Menschen angebauten Weizenarten waren Einkorn und Emmer – beide aus dem Vorderen Orient stammend. In Europa wird Weizen hauptsächlich für Weißbrot und Kleingebäck verwendet. In der konventionellen Bäckerei kommt hauptsächlich Weizen zum Einsatz, da er sich einfach und leicht verarbeiten lässt.

DINKELKORN

Dinkel oder „Spelz“ dürfte durch Mutation aus älteren Weizenarten wie Hartweizen, Emmer oder Einkorn entstanden sein. Dinkel war schon vor 15.000 Jahren als Kulturpflanze im südwestlichen Teil Asiens bekannt. Die Backfähigkeit von Dinkelmehl ist in der Regel schlechter als von Weizenmehl. Gebäck aus Dinkelmehl verfügt daher über eine geringe Frischhaltefähigkeit und trocknet leichter aus. Trotz dieser Nachteile verwenden wir gerne Dinkelkorn. Es wird von vielen Allergikern gut vertragen und ist deshalb eine beliebte Alternative zu Weizen. Dinkel ist außerdem fester Bestandteil der modernen Hildegard-Medizin, die sich auf die mittelalterliche Mystikerin Hildegard von Bingen beruft.

KAMUTKORN

Diese alte Weizensorte stammt ursprünglich aus Ägypten und wurde erst vor 50 Jahren wieder entdeckt und erneut kultiviert. Kamut zeichnet sich durch seine helle goldgelbe Farbe und seinen hohen Selengehalt aus. Eine Legende besagt, dass ein amerikanischer Luftwaffenoffizier nach dem Zweiten Weltkrieg in einem ägyptischen Pharaonengrab eine Steinkiste mit riesigen Weizenkörnern fand. Diese Weizenkörner schickte er seinem Vater, einem Farmer in Montana, der sie teilweise wieder zum Keimen brachte. Als „Exot“ unter den Getreidesorten wird Kamut auch von vielen Allergikern gut vertragen. Wegen seines nussigen Geschmacks verarbeiten wir das Kamutkorn gerne für Mehlspeisen.

ROGGENKORN

Erst vor etwa 8000 Jahren wurde Roggen in Kleinasien angebaut. In Mitteleuropa ist Roggen das klassische Brotgetreide und eignet sich nicht für Mehlspeisen. Nur Lebkuchen und Kletzenbrot benötigen Roggenmehl. Roggen hat entgegen der landläufigen Meinung einen hohen Anteil an Vitaminen und Mineralstoffen. Teige aus Roggenmehl müssen jedoch versäuert werden. Gebäck aus

Roggen zeichnet sich durch einen dunklen, festen und aromatischen Teig aus, dem aber das Leichte eines Weizenteiges fehlt.

BUTTER

Der feine unnachahmliche Geschmack der Butter bestimmt die Charakteristik vieler Mehlspeisen. Butter wird seit jeher aus dem abgeschöpften Rahm der Vollmilch hergestellt. Butter ist ein reines Naturprodukt und für uns somit das beste Fett für die Herstellung von Backwaren. Butter soll immer kühl gelagert und möglichst frisch verarbeitet werden. Ranzige Butter darf nicht mehr verwendet werden. Die optimale Verarbeitungstemperatur für Butter liegt bei 10–18 °C und hängt von der jeweiligen Teig- oder Massenart ab. Für Mürbteige soll die Butter eher kühl gehalten werden (etwa 10 Minuten vor der Verarbeitung aus dem Kühlschrank nehmen). Für Sandmassen soll die Butter etwas weicher sein (etwa 20 Minuten vor der Verarbeitung aus dem Kühlschrank nehmen).

MARGARINE

Margarine ist im Gegensatz zum Naturprodukt Butter eine industriell gefertigte Fettemulsion. Margarine hat ähnliche Backeigenschaften wie Butter, aber leider nicht deren guten Geschmack. Grundsätzlich empfehlen wir die Verwendung von Butter. Für eine vegane Ernährung muss man natürlich auf Margarine ausweichen, wobei keine tierischen Bestandteile wie Milch enthalten sein dürfen. Man sollte jedoch darauf achten, dass die Margarine möglichst ungehärtet ist. Gehärtete Fette enthalten sogenannte Transfette, welche der menschliche Körper nicht abbauen kann. Margarine soll immer kühl gelagert werden und je nach Teig- oder Massenart 10–20 Minuten vor der Verarbeitung aus dem Kühlschrank genommen werden.

HONIG

Honig ist eines der wertvollsten Süßungsmittel, das die Natur in fertiger Form zu bieten hat. Er ist das einzige Lebensmittel, das praktisch kein Ablaufdatum besitzt. Bienen erzeugen Honig, indem sie Blütennektar und Honigtau sammeln und durch Anreicherung mit körpereigenen Substanzen zu zähflüssigem, überaus lagerfähigem Saft umformen. Honig wird auch als Heilmittel eingesetzt. Tausende von Jahren war Honig das Mittel zum Süßen, bevor er dann vom Industriezucker verdrängt wurde. In der Vollkornbäckerei benutzen wir nach wie vor Honig zum Süßen. Die Verarbeitung ist ähnlich dem Zucker. Beim Einarbeiten in aufge-

schlagene Butter sollte der Honig langsam beigegeben werden, um ein Ausflocken zu verhindern. „Zuckerrezepte" können einfach auf Honig umgestellt werden. Zu berücksichtigen ist, dass Honig zusätzliche Flüssigkeit in die Rezepte einbringt und eine stärkere Süßungskraft aufweist. Dabei empfehlen wir, die Zuckermenge um etwa 20 % zu reduzieren und eventuell die Mehlmenge um 5–10 % zu erhöhen.

AGAVENDICKSAFT

Die Agaven stammen ursprünglich aus Mexiko. Bereits die vorspanischen Völker schätzten sie als Heil- und Nutzpflanzen. Agavensirup wird aus der „blauen Tequila Agave" gewonnen. Die Kohlenhydrate des Agavendicksaftes bestehen mindestens zu 70 % aus natürlicher Fruktose. Diese wird vom Körper insulinunabhängig verarbeitet. Der Blutzuckerspiegel erhöht sich im Vergleich zu Kristallzucker weniger. Damit ist der Agavendicksaft die ideale Alternative für Veganer und Diabetiker. Agavendicksaft wird wie Honig verarbeitet. Sie können daher bei unseren Rezepten Honig durch Agavendicksaft ersetzen.

EIER

Das Ei ist ein reines Naturprodukt und ernährungs- sowie backtechnisch von großer Bedeutung. In der Mehlspeisküche wird es hauptsächlich als Binde- und Lockerungsmittel verwendet. Das ganze Ei hilft, die Konsistenz des Teiges geschmeidiger zu machen. Bei der getrennten Verarbeitung von Eiklar und Eidotter bekommt die Masse mehr Volumen. Grundsätzlich werden in der Bäckerei Hühnereier mittlerer Größe verarbeitet. Für Allergiker bieten sich Wachteleier an. Veganer können in vielen Fällen Sojaprodukte (Tofu, Sojamilch, Sojapudding) als Alternative verwenden, wobei sich natürlich die Optik der Mehlspeisen ändert.
Natürlich verwenden wir in der Backstube immer frische biologische Eier und keine Trockenprodukte oder sonstige „Conveniencemittel". Der Stempel auf jedem einzelnen Ei erleichtert das Erkennen von biologischen Eiern aus der Region. Die erste Zahl markiert den Code für das Haltungssystem, wobei „0" für biologische Erzeugung steht. Die nächsten beiden Buchstaben stehen für das Erzeugerland, wobei die Abkürzung „AT" Österreich ausweist. Die Ziffern danach erlauben eine Rückverfolgung zum Erzeugerbetrieb inklusive Stallnummer. Bei der Lagerung von Eiern sollte man darauf achten, sie kühl und getrennt von geruchsintensiven Lebensmitteln aufzubewahren, da Eier den Geruch sehr rasch annehmen.

SCHOKOLADE und KUVERTÜRE

Schokolade und Kuvertüre werden aus der Kakaobohne gewonnen. Beide bestehen hauptsächlich aus Kakao, Kakaobutter und Zucker. Der Unterschied besteht in erster Linie darin, dass die Kuvertüre einen höheren Gehalt an Kakaobutter aufweist und dadurch dünnflüssiger ist. Kuvertüre eignet sich daher besser zum Überziehen von Mehlspeisen. Schokolade kann als Zutat in Teigen oder Massen verwendet werden. Der Kakaogehalt von Schokolade oder Kuvertüre ist ausschlaggebend für den Geschmack, der von zartbitter bis zuckersüß reichen kann. Wir empfehlen die Verarbeitung von dunkler Kuvertüre und Bitterschokolade, da sie weniger Zucker enthalten und dadurch die Kakaonote besser zur Geltung gelangt. Kuvertüre muss vor der Verarbeitung temperiert werden, damit sie auf dem Gebäckstück wieder fest wird und einen schönen Glanz aufweist. Das professionelle Temperieren ist für das Backvergnügen zuhause oft zu aufwendig. Beim vereinfachten Verfahren erwärmen wir zwei Drittel der Kuvertüre im heißen Wasserbad auf ca. 40 °C, danach das restliche Drittel beigeben, hiermit die Kuvertüre auf etwa 32 °C abkühlen und danach weiter verarbeiten.

AUSSTATTUNG

Backen ist ein traditionelles Handwerk im wahrsten Sinn des Wortes. Dennoch benötigt man ein Mindestmaß an Werkzeugen und Zubehör. Wir meinen, dass der Umfang der Ausstattung vom Backtyp abhängt. Wenn Sie gerne, aber nur gelegentlich backen, reicht eine simple Grundvariante an Behelfen, welche in jedem Haushalt vorhanden ist. Naturgemäß braucht man ein Backrohr samt Backblechen, Backformen und Backpapier. Unerlässlich sind eine Küchenwaage, zwei Schüsseln (in verschiedenen Größen), ein Handmixgerät, Rundholz (Nudelwalker), Pinsel und verschiedene Löffel. Für Kekserl werden Ausstecher benötigt, natürlich eignen sich dafür auch einfache Gläser. Zum Füllen, Verzieren und Portionieren verwendet man am besten einen Spritzbeutel, notfalls reicht auch ein Plastiksäckchen, welchem man eine Spitze abschneidet.

In der Küche des ambitionierten Hobbykonditors wird in der Regel zum Rühren eine Küchenmaschine verwendet. Der Vorteil einer Küchenmaschine liegt in der höheren Schlagleistung und im Zeitvorteil, da zwischenzeitlich andere Tätigkeiten vorgenommen werden können. Schneebesen, Teigkarten, Paletten, Siebe, verschiedene Tüllen für den Spritzbeutel, scharfe Küchenmesser, Abtropfgitter und eine große Anzahl an Rührschüsseln befinden sich im Backfundus, welcher sich über Jahre gefüllt hat. Dieser Backtyp bevorzugt Edelstahlschüsseln, da die Temperaturleitfähigkeit besser als bei Kunststoff ist. Besonders wichtig ist dieser Effekt beim Temperieren von Kuvertüre und beim Warmschlagen von Massen. Der Profi-Konditor verfügt natürlich über eine gewerbliche Ausstattung, die für eine raschere Arbeitsweise und für größere Mengen notwendig ist.

FEINGEFÜHL und GENAUIGKEIT

Die Qualität der Backware ist aber nur in geringem Maße von der Ausstattung abhängig. Viel mehr Einfluss auf das Ergebnis haben die korrekte Einhaltung der Rezepturen und das Feingefühl beim Backen. Feingefühl ist vor allem gefragt, wenn es um den Zeitrahmen geht. Exakte Zeitangaben zum Kneten von Teigen oder Rühren von Massen machen beim Backen keinen Sinn, da je nach verwendeten Zutaten und Werkzeug die gewünschte Konsistenz schneller oder langsamer erreicht wird. Ebenso schwanken die notwenigen Backzeiten je nach Backofen-Modell. Selbst die Lage des Backbleches im Backrohr muss mit berücksichtigt werden. Die im Rezeptteil angegebenen Zeiten sind daher immer als Richtwerte zu verstehen. Mit etwas Aufmerksamkeit und Gefühl ist das Backen jedoch keine Zauberei.

Zum Messen der Zutaten raten wir grundsätzlich zur Verwendung einer digitalen Küchenwaage. Natürlich können Sie die Zutaten auch mit Ess- oder Teelöffeln messen. Man muss hierbei aber eine gewisse Ungenauigkeit in Kauf nehmen, was sich bei manchen Zutaten negativ auswirken kann. Beim Umrechnen der Mengenangaben kann man von folgenden Angaben ausgehen:

Zutaten	1 TL	1 EL
Mehl	3 g	10 g
Zucker	6 g	20 g
Staubzucker	3 g	10 g
Butter, Margarine	5 g	15 g
Weinsteinpulver	3 g	10 g
gemahlene Nüsse, Mandeln	6 g	15 g
Kakaopulver	3 g	10 g

TEIGE UND MASSEN

Grundsätzlich unterscheiden wir in der Bäckerei zwischen Teigen und Massen. Jeder Konditor wird grantig, wenn man seine Massen als Teige bezeichnet. Umgekehrt versteht kein Bäcker, wenn jemand von einer Germgugelhupfmasse spricht. Ein einfaches Unterscheidungsmerkmal ist die Hauptzutat. In Teigen ist das Mehl vorranging und in Massen sind es die Eier. Natürlich gibt es auch Spezialfälle, beispielsweise die Makronenmasse, deren Hauptbestandteil Mandeln und Rohmarzipan ist.

GERMTEIG

Germteig gibt es in unzähligen Varianten und mit dementsprechend verschiedenen Zutaten (von pikant bis süß). Germteig ist in der Bäckerei der Teig schlechthin. Die Lockerung des Teiges erfolgt immer durch die Germ (Hefe), die für das Volumen und die feine Porung zuständig ist. Wir unterscheiden zwei Arten der Teigführung.

Bei der direkten Art, auch böhmische Art genannt, werden alle Zutaten gleichzeitig verarbeitet. Sie eignet sich für leichte und mittelschwere Hefeteige. Grundsätzlich wird die Germ mit etwas Flüssigkeit aufgelöst, mit den Eiern, Zucker oder Honig verrührt und anschließend mit dem Mehl kurz geknetet. Danach Fett beimengen und den Teig glatt kneten.

Bei der indirekten Art wird ein weicher Vorteig, das sogenannte Dampfl, hergestellt. Dazu wird die Germ in Flüssigkeit aufgelöst und mit einem Teil des Mehls verknetet. Dieses Dampfl lässt man an einem warmen Ort ruhen, bis das Volumen sich verdoppelt hat. Danach wird das Dampfl mit den restlichen Zutaten vermischt und glatt geknetet. Durch das Ansetzen des Vorteiges kann sich die Hefe besser entwickeln und ihren vollen Trieb entfalten. Diese Art der Teigführung benötigt man bei schweren Hefeteigen, welche viel Fett und Zucker (oder Honig) enthalten.

Zum Ruhen stellen Sie den Germteig – mit einem Tuch zugedeckt – am besten an einen warmen, zugfreien Ort. Die richtige „Gare" ist von entscheidender Bedeutung für das Gelingen der Backware.

MÜRBTEIG – GERÜHRTER MÜRBTEIG

Mürbteig ist der Klassiker für die Weihnachtsbäckerei. Er ist relativ leicht herzustellen und gelingt immer. Im Allgemeinen enthält Mürbteig einen Teil Zucker oder Honig, zwei Teile Butter und drei Teile Mehl und wird deshalb auch 1-2-3-Teig genannt. Der Teig kann gewirkt oder gerührt werden (je nach Verwendungsart).

Bei gewirkten Mürbteigen wird das Mehl auf eine Arbeitsfläche gehäuft und in die Mitte eine kleine Mulde gedrückt. Kalte Butter wird in kleine Stücke geschnitten und mit dem Zucker (oder Honig) in die Mulde gelegt. Die Zutaten rasch mit der Hand zu einem Teig vermengen und kurz durchkneten, bis der Teig geschmeidig ist. Zu langes Kneten lässt die Butter zu weich werden und der Teig wird „brandig" und damit brüchig. Die Zugabe von Eiern erhöht die Bindung des Teiges. Gewirkter Mürbteig sollte mindestens 2 Stunden (am besten aber über Nacht) kühl ruhen. Das Ruhen erhöht die Verarbeitungsfähigkeit des Teiges.

Bei gerührten Mürbteigen werden die Zutaten nicht auf einer Arbeitsfläche, sondern im Kessel verarbeitet. Sie enthalten mehr Eier und sind dadurch weicher und können dressiert werden. Kalte Butter mit Honig oder Zucker schaumig rühren, Eier nach und nach beigeben. Danach Mehl und andere Zutaten (geriebene Nüsse etc.) einrühren. Im Gegensatz zum gewirkten Mürbteig sollte der gerührte Teig nicht ruhen, sondern sofort verarbeitet werden, da er sonst zäh wird und sich nur schwer dressieren lässt.

LEBKUCHENTEIG

Lebkuchen gilt in seinen regional unterschiedlichen Bezeichnungen und Variationen als das klassische Gebäck der Weihnachtszeit. Seine Besonderheit ist der hohen Anteil an Honig und die Verwendung von orientalischen Gewürzen, vor allem Zimt, Nelken, Anis, Kardamom, Koriander, Ingwer, Muskat. Da im Mittelalter diese exotischen Gewürze ganz allgemein als „Pfeffer" bezeichnet wurden, wird Lebkuchen auch heute noch als Pfefferkuchen bezeichnet.

Als Triebmittel wird statt Hefe Hirschhornsalz oder Pottasche verwendet. Oft wird der Lebkuchen unter anderem mit Mandeln, Nüssen, Orangeat, Zitronat und vor allem mit Schokolade verfeinert. Bei der Herstellung von Lebkuchen Mehl und Gewürze vermischen. Honig erwärmen und mit Ei und Mehlmischung zu einem Teig verkneten. Pottasche oder Hirschhornsalz in Flüssigkeit auflösen und während des Knetens langsam beigeben. Teig zugedeckt mindestens 24 Stunden ruhen lassen.

Lebkuchen ist nicht zuletzt wegen seiner langen Haltbarkeit beliebt. Kühl und trocken kann er monatelang gelagert werden. Weltweit bekannt wurden die Nürnberger Lebkuchen, die Aachener Printen oder auch die Basler Leckerli. Das Rezept für Elisenlebkuchen ist aus dem Streit der Lebzelterzunft mit den Bäckern entstanden und wird daher ohne Honig gebacken.

BISKUITMASSEN

Die Biskuitmasse ist die leichteste, luftigste Massenart. Sie besteht aus Eiern, Honig oder Zucker und Mehl. Die Lockerung ergibt sich durch das Einschlagen von Luft, vor allem im Eischnee. Biskuitmasse eignet sich bestens für Rouladen, Schnitten und Tortenböden. Zur Herstellung der Biskuitmasse werden die Eier in Eidotter und Eiklar getrennt. Danach das Eiklar halbsteif schlagen, dann unter langsamem Beigeben von etwa der Hälfte des Honigs (oder Zuckers) fertig schlagen. Zur Kontrolle kann mit dem Zeigefinger in die Masse eingetaucht werden, wobei sich ein kleiner Haken bilden soll. Eidotter werden mit der anderen Hälfte des Honigs (oder Zuckers) schaumig geschlagen.

Kennzeichen für sorgfältig geschlagene Eiermassen sind gut sichtbare Ringe auf der Oberfläche, die durch die Drehbewegung des Schneebesens entstehen.

Mehl und Eischnee sollen abwechselnd händisch unter die Eiermasse gehoben werden. Biskuitmassen müssen sofort gebacken werden, um ein Entweichen der eingeschlagenen Luft zu vermeiden. Nach etwa 15 Minuten kann die Masse mit einem Eisen- oder Holzstäbchen angestochen werden. Bleibt keine Masse bei der Stichprobe kleben, ist sie ausreichend gebacken. Als Alternative können Eidotter und Eiklar auch gemeinsam geschlagen werden, dabei muss aber die Dauer des schaumig Rührens verlängert werden. So manches Handmixgerät hat dabei schon den Geist aufgegeben.

SANDMASSEN

Sandmassen (oder auch Wiener Massen genannt) unterscheiden sich von der Biskuitmasse im Wesentlichen durch die Beigabe von Fett. Aus Sandmassen kann man vorzüglich Gugelhupf, Torten und Kuchen backen. Zur Herstellung der Sandmasse werden die Eier in Eidotter und Eiklar getrennt. Danach Eiklar halbsteif schlagen, dann unter langsamem Beigeben von etwa der Hälfte des Honigs (oder Zuckers) fertig schlagen. Zur Kontrolle kann mit dem Zeigefinger in die Masse eingetaucht werden, wobei sich ein kleiner Haken bilden soll. Zimmerwarme Butter mit der anderen Hälfte von Honig (oder Zucker) schaumig schlagen. Eidotter nach und nach beigeben und weiterschlagen, bis sich Luftbläschen an der Oberfläche bilden. Mehl und Eischnee sollen abwechselnd händisch unter die Eiermasse gehoben werden. Die Beigabe von Backpulver ist nur bei schweren Sandmassen, die Nüsse oder Schokolade enthalten, notwendig. Wir empfehlen Weinsteinpulver, das mit dem Mehl gut vermischt werden soll.

Sandmassen müssen sofort gebacken werden, um ein Entweichen der eingeschlagenen Luft zu vermeiden. Nach etwa 15 Minuten kann die Masse mit einem Eisen- oder Holzstäbchen angestochen werden. Bleibt keine Masse bei der Stichprobe kleben, ist sie ausreichend gebacken.

SCHAUMMASSEN

Schaummassen bestehen vorwiegend aus Eiklar und Honig (oder Zucker). Je nach Geschmack können verschiedene Gewürze und geriebene Kerne zum Einsatz kommen. Die bekannteste Form in Österreich ist das Busserl.

Hierfür das Eiklar halbsteif schlagen, dann unter langsamem Beigeben von etwa der Hälfte des Honigs (oder Zuckers) fertig schlagen. Zur Kontrolle kann mit dem Zeigefinger in die Masse eingetaucht werden, wobei sich ein kleiner Haken bilden soll. Geriebene Nüsse, Kokosflocken und Gewürze vorsichtig unterheben.

Bei Verwendung von Honig werden die Busserl an der Oberfläche etwas klebriger. Eine Sonderform stellt die Makronenmasse dar, deren Charakteristikum der hohe Anteil an Mandeln und Rohmarzipan ist.

RÖSTMASSEN

Die Zutaten dieser Masse werden bei der Herstellung geröstet. Die bekannteste Art dieser Masse sind die Florentiner.

Butter, Zucker, Honig, Schlagobers werden aufgekocht, bis die Masse zähflüssig wird. Je nach Geschmack können nun Kerne, Nüsse und Früchte beigemischt werden. Die Masse weiterrösten, bis sich die Zutaten gut binden. Es empfiehlt sich, die Röstmasse in Formen zu backen, da sie leicht auseinanderläuft.

BACKPLAN

Backwaren haben naturgemäß eine unterschiedliche Haltbarkeit – abhängig von den verwendeten Zutaten und deren Verarbeitung. Manche Backwaren benötigen eine gewisse Lagerzeit, um ihren vollen Geschmack entfalten zu können. Für stressfreies Backen empfiehlt sich die Aufstellung eines Backplanes. Damit stellen Sie sicher, dass alle gewünschten Leckereien auf dem Weihnachtstisch zu finden sind.

	1. Adventwoche	2. Adventwoche	3. Adventwoche	4. Adventwoche
Lebkuchen	■			
Kekserl, Krapferl	■	■		
Konfekt		■		
Schnitten		■	■	
Stollen, Kletzenbrot		■	■	
Busserl, Makronen			■	
Gugelhupf, Kuchen, Torten				■

LAGERUNG

Backwaren sollten grundsätzlich trocken und kühl aufbewahrt werden. Kühl lagern bedeutet nicht im Kühlschrank, sondern in einem Raum mit einer Temperatur bis zu 18 °C.

Lebkuchen werden nach dem Backen hart. Ein kleines Stück Apfel in der Dose liefert genug Feuchtigkeit, damit der Lebkuchen langsam wieder weich wird.

Nach dem Backen Kekserl und Krapferl immer gut auskühlen lassen. Am besten lagern sie in Metalldosen. Bei mehreren Lagen empfiehlt es sich, Backpapier dazwischen zu geben.

Konfekt sollte immer im Kühlschrank gelagert werden. Schnitten aus Mürb- oder Germteig können wie Kekserl behandelt werden.

Stollen und Kletzenbrot können einfach in eine Frischhaltefolie gewickelt werden. Für Busserl und Makronen eignet sich auch bestens eine hübsche Metalldose.

Backwaren aus Biskuit- oder Sandmasse sollten immer innerhalb von einigen Tagen verzehrt werden, da sie leicht austrocknen.

Die Haltbarkeit von Backwaren reicht bei sachgemäßer Lagerung von einigen Wochen (Lebkuchen) bis zu wenigen Tagen, wenn beispielsweise frisches Obst verwendet wird.

BACKEN MIT KINDERN

„In der Weihnachtsbäckerei gibt es manche Leckerei – zwischen Mehl und Milch macht so mancher Knilch eine riesengroße Kleckerei …"
Dieses Kinderlied beschreibt treffend, welche Freude das Backen den Kindern bereitet. Außerdem ist gemeinsames Backen eine schöne Gelegenheit, wertvolle Zeit miteinander zu verbringen und versüßt den Kleinen die Wartezeit auf das Weihnachtsfest.
Viel Zeit und Ruhe sind die Grundvoraussetzung, damit das Backen für alle Beteiligten zu einem schönen Erlebnis wird. Mit einer guten Vorbereitung haben Sie schon viel gewonnen.
Kinder wollen vieles selber machen und nicht nur zusehen. Wählen Sie einfache Rezepte. Mürbteig oder unkomplizierte Schaummassen eignen sich besonders gut für Kinderhände. Ab 5 Jahren können Kinder schon gut einen Teig kneten. Wenn Sie kleinere Kinder haben, sollten Sie den Teig fertig und möglichst schon gekühlt bereitstellen. Das Rühren von Massen mit dem Handmixer macht großen Spaß, mit Mamas Hilfe schaffen das selbst die Kleinsten. Achten Sie auch darauf, dass Ihre Kinder nicht vom Teig naschen, wenn rohe Eier darin enthalten sind, denn diese könnten Salmonellen enthalten. Bei der gemeinsamen Zubereitung können Sie auch die Zeit, die der Teig zum Ruhen benötigt, nutzen und den Kindern beispielsweise eine Weihnachtsgeschichte vorlesen.

Natürlich können die Kinder schon beim Einkauf der Zutaten mithelfen. Kinder erlernen beim Backen ganz nebenbei auch den Umgang mit Lebensmitteln: Sie schlagen Eier auf, wiegen Mehl oder messen Milch ab. Das Abwiegen der Zutaten bietet überdies eine praktische Rechenübung für Schul-

kinder und fördert das Verständnis für Zahlen und Mengen. Backen ist darüber hinaus eine Tätigkeit, bei der viele Sinne angesprochen werden. Alles ist für Kinder ein Erlebnis für sich: Zuhören, wenn Zucker in die Schüssel rieselt oder aufgeschlagene Eier in die Schüssel plumpsen. Oder wenn der Teig durch Kneten, Rollen bzw. Ausstechen in Form gebracht wird.

Im Arbeitseifer verteilen Kinder Mehl oder Staubzucker oft großzügig im Umfeld. Schaffen Sie daher eine große, leicht zu reinigende Arbeitsfläche und entfernen Sie alle unnötigen oder gefährlichen Utensilien wie beispielsweise diverse Messer.

Schalter, Knöpfe und elektrische Geräte ziehen Kinder magisch an. Nehmen Sie sich Zeit, um etwaige Gefahrenquellen zu erklären. Arbeiten Sie im wahrsten Sinn des Wortes „vorbildlich", denn Kinder lernen durch Nachahmen. Lassen Sie heiße Herdplatten und Backofentüren nie unbeaufsichtigt und verwenden Sie immer Topflappen, um sich nicht zu verbrennen.
Kinder wollen beim Ausstechen viele unterschiedliche Förmchen benutzen. Bei Blechformen sollten Sie die Kleinen darauf hinweisen, dass sie die Förmchen mit der richtigen Seite in den Teig drücken, weil die untere Kante schärfer ist und die Gefahr besteht, dass Kinder sich daran verletzen. Natürlich leisten auch Kunststoff-Ausstecher aus der Puppenküche gute Dienste.

Das Verzieren ist sicherlich der Höhepunkt für die kleinen Helfer. Das Bestreichen oder Eintauchen von Kekserl in Kuvertüre oder Zuckerguss ist eine Herausforderung, welche die Kinder gerne annehmen. Bereiten Sie zum Dekorieren ein breites Angebot an Nüssen, Mandeln, Rosinen, Orangeat, Streuseln, Schokolinsen und ähnlichen Utensilien vor und lassen Sie der Phantasie der Kinder freien Lauf. Der Geruch der Zutaten, besonders der Gewürze, und natürlich der Duft der fertigen Backwaren beschert allen ein sinnliches Erlebnis. Selbstverständlich dürfen die ausgekühlten Kekserl und Krapferl gleich bei einer Tasse Tee oder Kakao gekostet werden.

Selbstgemachte Krapferl eignen sich auch ideal als Weihnachtsgeschenke für die ganze Familie. Sie können in Säckchen (mit bunten Bändern) oder in hübschen Keksdosen verpackt werden.
Rezepte, die sich problemlos zum Backen mit Kindern eignen, sind im Rezeptteil speziell gekennzeichnet und von unseren Kindern mehrfach getestet worden. Wir wünschen Ihnen und Ihren kleinen Helfern viel Spaß beim Backen!

Kekserl & Krapferl

Anisbäckerei

Zutaten für 40 Stück

Teig:
250 g Vollkorndinkelmehl
1 TL Anis
120 g Butter
100 g Honig
2 Eidotter

Dekor:
2 Eiweiß
100 g gehackte Mandeln

Vorbereitungszeit: 20 Minuten
Ruhezeit: 2 Stunden
Backzeit: 20 Minuten bei 180 °C

Vollkorn ✓ **Backen mit Kindern** ✓

Mehl mit Anis vermischen, auf eine Arbeitsplatte geben und in die Mitte eine kleine Mulde drücken. Butter in kleine Stücke schneiden, in die Mulde legen, den Honig hinzufügen. Eidotter untermischen und alles rasch zu einem glatten Teig verkneten. Den Teig in Frischhaltefolie einrollen und mindestens 2 Stunden kühl ruhen lassen.

Den Teig auf eine bemehlte Arbeitsplatte geben und mit einem Rundholz ca. 4 mm dick ausrollen. Aus dem Teig verschiedene Formen ausstechen (ca. 4 cm Durchmesser). Backblech mit Backpapier belegen, die Kekserl in gleichmäßigen Abständen darauf verteilen, mit verrührtem Eiweiß bestreichen und mit gehackten Mandeln bestreuen. Im vorgeheizten Backrohr bei 180 °C etwa 20 Minuten backen.

Haselnuss-Sterne

Zutaten für 30 Stück

Teig:
150 g Vollkorndinkelmehl
150 g geriebene Haselnüsse
Mark von 1 Vanilleschote
150 g Margarine
120 g Agavendicksaft

Fülle:
125 g rote Johannisbeermarmelade

Dekor:
200 g dunkle Kuvertüre
30 g halbierte Haselnüsse

Vorbereitungszeit: 20 Minuten
Ruhezeit: 2 Stunden
Backzeit: 15 Minuten bei 180 °C
Zeit zum Fertigstellen: 30 Minuten

Vollkorn ✓ **vegan** ✓ **Backen mit Kindern** ✓

Das Mehl mit Haselnüssen und Vanille vermischen und auf eine Arbeitsplatte geben. In die Mitte eine kleine Mulde drücken, Butter in kleine Stücke schneiden und in die Mulde legen, den Honig hinzufügen und alles rasch zu einem glatten Teig verkneten. Den Mürbteig in Frischhaltefolie einrollen und mindestens 2 Stunden kühl ruhen lassen.

Den Teig auf eine bemehlte Arbeitsplatte geben und mit einem Rundholz etwa 4 mm dick ausrollen. Aus dem Teig Sterne ausstechen. Backblech mit Backpapier belegen, die Sterne in gleichmäßigen Abständen darauf verteilen und im vorgeheizten Backrohr bei 180 °C etwa 15 Minuten backen.

Sterne auskühlen lassen, mit Johannisbeermarmelade dünn bestreichen und je zwei Stück zusammensetzen. Dunkle Kuvertüre über heißem Wasserbad schmelzen und Sterne darin tunken, mit einer halben Haselnuss dekorieren.

Tipp

Dieses Rezept eignet sich zum Backen mit Kindern! Um die Nerven zu schonen, sollte man das Tunken in Kuvertüre selbst übernehmen.

Burgenländer Kipferl

Zutaten für 100 Stück

Teig:
20 g Germ (Hefe)
1/16 l Milch
30 g Puderzucker
400 g Dinkelmehl
250 g Butter
2 Eidotter

Fülle:
2 Eiweiß
250 g Puderzucker
200 g geriebene Walnüsse

Dekor:
1 Ei
50 g Puderzucker

Vorbereitungszeit: 30 Minuten
Ruhezeit: 30 Minuten
Backzeit: 15 Minuten bei 180 °C

Germ in kalter Milch auflösen und mit dem Zucker gut verrühren. Das Mehl auf eine Arbeitsplatte geben und in die Mitte eine kleine Mulde drücken. Butter in kleine Stücke schneiden und in die Mulde legen, die Eidotter hinzufügen. Die abgerührte Hefe untermischen und alles rasch zu einem glatten Teig verkneten. Den Mürbteig in Frischhaltefolie einrollen und mindestens 30 Minuten kühl ruhen lassen.

Eiweiß über Dampf steif schlagen, dabei den Zucker langsam einrieseln lassen. Den Teig auf eine bemehlte Arbeitsplatte geben und mit einem Rundholz rechteckig etwa 4 mm dick ausrollen. Den Teig mit der Eischneemasse bestreichen, die geriebenen Walnüsse darüberstreuen und den Teig einrollen. Mit einem Ausstecher (oder Löffel) Kipferl abstechen. Backblech mit Backpapier belegen und die Kipferl in gleichmäßigen Abständen darauf verteilen.

Kipferl mit verrührtem Ei bestreichen und im vorgeheizten Backrohr bei 180 °C etwa 15 Minuten backen. Kipferl auskühlen lassen und mit Puderzucker bestreuen.

Butterbrote

Zutaten für 50 Stück

Teig:
300 g Dinkelmehl
150 g gemahlene Haselnüsse
20 g Kakao
1 Prise Zimt
250 g Butter
120 g Honig
1 Ei

Dekor:
220 g Puderzucker
4 Eidotter
50 g gehackte Pistazien

Vorbereitungszeit: 20 Minuten
Ruhezeit: 2 Stunden
Backzeit: 20 Minuten bei 180 °C
Zeit zum Fertigstellen: 20 Minuten
Backen mit Kindern ✓

Das Mehl mit den Haselnüssen, Kakao und Zimt vermischen und auf eine Arbeitsplatte geben. In die Mitte eine kleine Mulde drücken, Butter in kleine Stücke schneiden, in die Mulde legen und den Honig hinzufügen. Das Ei untermischen und alles rasch zu einem glatten Teig verkneten. Teig in Frischhaltefolie einrollen und mindestens 2 Stunden kühl ruhen lassen.

Teig auf eine bemehlte Arbeitsplatte geben und zu einer Rolle mit etwa 3 cm Durchmesser formen. Rolle in etwa 5 mm dicke Scheiben schneiden. Backblech mit Backpapier belegen, die Taler in gleichmäßigen Abständen darauf verteilen und im vorgeheizten Backrohr bei 180 °C etwa 20 Minuten backen.

Puderzucker und Eidotter im heißen Wasserbad etwa 3 Minuten aufschlagen, danach im kalten Wasserbad kalt rühren. Zuckermasse mithilfe eines Spritzbeutels (oder Pinsel) auf die ausgekühlte Unterseite der Taler auftragen und mit gehackten Pistazien bestreuen.

Tipp

Zum Trocknen kann man die Butterbrote in das noch warme Backrohr geben.

Gewürzbrezeln

Zutaten für 70 Stück

Teig:
200 g Honig
125 g Rohrohrzucker
75 g Butter
400 g Vollkorndinkelmehl

Früchtemischung:
50 g Orangeat
50 g Zitronat
1 Ei
Abrieb von 1 Orangenschale
1 Prise Zimt
1 Prise Nelkenpulver
1 Prise Ingwer

Honig, Rohrzucker und Butter langsam aufwärmen, durchmischen und auskühlen lassen. Die Früchtemischung abrühren und unterheben. Danach Mehl beigeben.

Den Teig gut durchkneten und eine ca. 1 cm dicke Rolle formen. Diese Rolle in 10 cm lange Stücke schneiden und Brezeln formen.

Die Brezeln auf einem mit Backpapier belegten Backblech im vorgewärmten Ofen bei 180 °C etwa 15 Minuten backen.

Vorbereitungszeit: 20 Minuten
Backzeit: 15 Minuten bei 180 °C

Vollkorn ✓ Backen mit Kindern ✓

Tipp

Dieses Rezept eignet sich bestens zum Backen mit Kindern!

Orangenringe

Zutaten für 70 Stück

Teig:
300 g Vollkorndinkelmehl
Mark von 1 Vanilleschote
geriebene Schale von 1 Orange
175 g Butter
100 g Honig
1 Ei

Dekor:
175 g Puderzucker
5 EL Orangenlikör
50 g klein geschnittene kandierte Orangen

Vorbereitungszeit: 20 Minuten
Ruhezeit: 2 Stunden
Backzeit: 15 Minuten bei 180 °C
Zeit zum Fertigstellen: 20 Minuten

Vollkorn ✓

Mehl mit Vanille und Orangenschale mischen und auf eine Arbeitsplatte geben. In die Mitte eine kleine Mulde drücken, Butter in kleine Stücke schneiden und in die Mulde legen, den Honig hinzufügen. Ei untermischen und alles zu einem glatten Teig verkneten. Den Mürbteig in Frischhaltefolie einrollen und mindestens 2 Stunden kühl ruhen lassen.

Den Teig auf eine bemehlte Arbeitsplatte geben und mit einem Rundholz etwa 4 mm dick ausrollen Aus dem Teig Kreise (ca. 4 cm Durchmesser) ausstechen und in der Mitte ein kleines Loch (ca. 1 cm Durchmesser) machen.

Backblech mit Backpapier belegen und Ringe in gleichmäßigen Abständen darauf verteilen. Diese im vorgeheizten Backrohr bei 180 °C etwa 15 Minuten backen.

Puderzucker mit Orangenlikör glatt rühren. Die dickflüssige Masse auf den ausgekühlten Ringen dünn verteilen und mit klein geschnittenen kandierten Orangen dekorieren.

Tipp

Anstelle von Orangenlikör kann man auch Orangensaft verwenden. Dann dürfen die Orangenringe auch von Kindern vernascht werden.

Gewürzringerl

Zutaten für 40 Stück

Teig:
200 g Dinkelmehl
70 g gemahlene Mandeln
1 Prise gemahlener Ingwer
1 Prise Kardamom
1 Prise Zimt
Abrieb von 1 Zitronenschale
150 g Butter
80 g Honig
2 Eier

Dekor:
100 g Puderzucker
1 Prise Zimt

Vorbereitungszeit: 20 Minuten
Ruhezeit: 2 Stunden
Backzeit: 15 Minuten bei 180 °C
Zeit zum Fertigstellen: 20 Minuten

Backen mit Kindern ✓

Das Mehl mit den Mandeln und den Gewürzen vermischen, auf eine Arbeitsplatte geben und in die Mitte eine kleine Mulde drücken. Butter in kleine Stücke schneiden und in die Mulde legen, den Honig hinzufügen. Eier untermischen und alles rasch zu einem glatten Teig verkneten. Den Teig in Frischhaltefolie einrollen und mindestens 2 Stunden kühl ruhen lassen.

Den Teig auf eine bemehlte Arbeitsplatte geben und eine fingerdicke Rolle formen. Aus der Rolle etwa 9 cm lange Stücke abtrennen und mit der flachen Hand kleine Röllchen formen. Backblech mit Backpapier belegen und Röllchen in gleichmäßigen Abständen darauf zu Ringerl schließen. Die Ringerl im vorgeheizten Backrohr bei 180 °C etwa 15 Minuten backen. Puderzucker mit Zimt vermischen und die ausgekühlten Ringerl darin wenden.

Klosterkipferl

Zutaten für 50 Stück

Teig:
150 g Vollkorndinkelmehl
100 g geriebene Haselnüsse
50 g geriebene Schokolade
Mark von 1 Vanilleschote
100 g Butter
50 g Honig
2 Eidotter

Dekor:
100 g dunkle Kuvertüre

Vorbereitungszeit: 20 Minuten
Ruhezeit: 2 Stunden
Backzeit: 10 Minuten bei 180 °C
Zeit zum Fertigstellen: 20 Minuten

Vollkorn ✓

Das Mehl mit den geriebenen Haselnüssen, Vanille und den Schokoraspeln vermischen und auf eine Arbeitsplatte geben. In die Mitte eine kleine Mulde drücken, Butter in kleine Stücke schneiden und in die Mulde legen, den Honig hinzufügen. Eidotter untermischen und alles rasch zu einem glatten Teig verkneten. Den Teig in Frischhaltefolie einrollen und mindestens 2 Stunden kühl ruhen lassen.

Den Teig auf eine bemehlte Arbeitsplatte geben und eine fingerdicke Rolle formen. Aus der Rolle etwa 1 cm lange Stücke abtrennen und mit der flachen Hand kleine Kipferl formen.

Backblech mit Backpapier belegen und Kipferl in gleichmäßigen Abständen darauf verteilen. Kipferl im vorgeheizten Backrohr bei 180 °C etwa 10 Minuten backen.

Kuvertüre im heißen Wasserbad schmelzen. Die ausgekühlten Kipferl mit beiden Enden in die Kuvertüre tauchen.

Tipp

Nach dem Ruhen den Teig in mehrere kleine Stücke teilen und kurz durchkneten!

Husarenkrapferl

Zutaten für 80 Stück

Teig:
250 g Vollkorndinkelmehl
Mark von 1 Vanilleschote
150 g Butter
80 g Honig
2 Eidotter

Dekor:
2 Eiweiß
150 g rote Johannisbeermarmelade
100 g gehackte Haselnüsse

Vorbereitungszeit: 30 Minuten
Ruhezeit: 2 Stunden
Backzeit: 15 Minuten bei 180 °C
Zeit zum Fertigstellen: 20 Minuten

Vollkorn ✓ **Backen mit Kindern** ✓

Mehl und Vanille vermischen, auf eine Arbeitsplatte geben und in die Mitte eine kleine Mulde drücken. Butter in kleine Stücke schneiden und in die Mulde legen, den Honig hinzufügen. Die Eidotter untermischen und alles rasch zu einem glatten Teig verkneten. Den Mürbteig in Frischhaltefolie einrollen und mindestens 2 Stunden kühl ruhen lassen.

Den Teig auf eine bemehlte Arbeitsplatte geben und eine fingerdicke Rolle formen. Nun aus der Rolle etwa 1 cm lange Stücke abtrennen und mit der Hand kleine Kugeln formen.

Backblech mit Backpapier belegen und die Kugeln in gleichmäßigen Abständen daraufsetzen. In die Mitte mit einem in Mehl getauchten Kochlöffelstiel eine Mulde drücken. Die Oberseite mit verrührtem Eiweiß bestreichen und mit gehackten Haselnüssen verzieren (Mulde aussparen). In die Mulde der Krapferl etwas rote Johannisbeermarmelade spritzen. Krapferl im vorgeheizten Backrohr bei 180 °C etwa 15 Minuten backen.

Ischler

Zutaten für 40 Stück

Teig:
250 g Vollkorndinkelmehl
50 g gemahlene Haselnüsse
Mark von 1 Vanilleschote
100 g Butter
40 g Honig
1 Ei

Fülle:
125 g Weichselmarmelade

Dekor:
100 g dunkle Kuvertüre

Vorbereitungszeit: 20 Minuten
Ruhezeit: 2 Stunden
Backzeit: 10 Minuten bei 180 °C
Zeit zum Fertigstellen: 40 Minuten
Vollkorn ✓

Das Mehl mit den gemahlenen Haselnüssen und der Vanille vermischen und auf eine Arbeitsplatte geben. In die Mitte eine kleine Mulde drücken, Butter in kleine Stücke schneiden und in die Mulde legen, den Honig hinzufügen. Das Ei untermischen und alles zu einem glatten Teig verkneten. Den Mürbteig in Frischhaltefolie einrollen und mindestens 2 Stunden kühl ruhen lassen.

Den Teig auf eine bemehlte Arbeitsplatte geben und mit einem Rundholz etwa 4 mm dick ausrollen. Aus dem Teig Kreise mit etwa 4 cm Durchmesser ausstechen. Backblech mit Backpapier belegen, die Kreise in gleichmäßigen Abständen darauf verteilen und im vorgeheizten Backrohr bei 180 °C etwa 10 Minuten backen. Kekse auskühlen lassen, mit Weichselmarmelade dünn bestreichen und je 2 Stück zusammenkleben.

Kuvertüre vorsichtig im Wasserbad erwärmen und Oberseite und Ränder der Krapferl darin tunken.

Tipp

Klein gehackte Pistazien eignen sich hervorragend zum Verzieren der Ischler!

Himbeer-Ringerl

Zutaten für 40 Stück

Teig:
250 g Vollkorndinkelmehl
100 g geröstete, geriebene Haselnüsse
60 g geriebene Bitterschokolade
Mark von 1 Vanilleschote
Abrieb von 1 Zitronenschale
150 g Butter
100 g Honig
3 Eidotter

Fülle:
100 g Himbeermarmelade

Dekor:
100 g Kuvertüre
30 g gehackte Haselnüsse

Vorbereitungszeit: 20 Minuten
Ruhezeit: 2 Stunden
Backzeit: 15 Minuten bei 180 °C
Zeit zum Fertigstellen: 30 Minuten

Vollkorn ✓

Mehl mit Haselnüssen, Schokolade, Vanille und Zitronenschale vermischen, auf eine Arbeitsplatte geben und in die Mitte eine kleine Mulde drücken. Butter in kleine Stücke schneiden und in die Mulde legen, den Honig hinzufügen. Eidotter untermischen und alles rasch zu einem glatten Teig verkneten. Den Mürbteig in Frischhaltefolie einrollen und mindestens 2 Stunden kühl ruhen lassen.

Den Teig auf eine bemehlte Arbeitsplatte geben und mit einem Rundholz etwa 3 mm dick ausrollen. Aus dem Teig Kreise mit etwa 4 cm Durchmesser ausstechen. In der Mitte der Kreise ein kleines Loch (ca. 1 cm Durchmesser) ausstechen.

Backblech mit Backpapier belegen, die Kreise in gleichmäßigen Abständen darauf verteilen und im vorgeheizten Backrohr bei 180 °C etwa 15 Minuten backen. Ringerl auskühlen lassen, mit Himbeermarmelade dünn bestreichen und je zwei Ringerl zusammensetzen.

Kuvertüre im heißen Wasserbad schmelzen. Oberfläche und Ränder der Ringerl in Kuvertüre tauchen und mit gehackten Haselnüssen verzieren.

Tipp

Zum Ausstechen der Kreise kann man ein Glas nehmen, für das kleine Loch in der Mitte eignet sich bestens ein Fingerhut.

Kamut-Anis-Bögen

Zutaten für 30 Stück

Teig:
300 g Butter
300 g Zucker
2 Eier
150 g Vollkornkamutmehl
Mark von 1 Vanilleschote
Abrieb von 1 Zitronenschale
3 EL Anis

Butter und Zucker schaumig rühren, Eier nach und nach zugeben. Mehl mit Vanille und Zitronenschale vermischen und unterheben.

Mithilfe eines Spritzbeutels kleine runde Kekse auf ein mit Backpapier belegtes Backblech spritzen, mit Anis bestreuen und bei 180 °C etwa 10 Minuten backen.

Die noch heißen Kekse über einen Kochlöffelstiel legen (biegen), sodass schöne Bögen entstehen.

Vorbereitungszeit: 30 Minuten
Backzeit: 10 Minuten bei 180 °C

Vollkorn ✓ Backen mit Kindern ✓

Tipp

Kekse nicht zu lange backen, da sie sich sonst schwer biegen lassen.

Kamut-Mohn-Strudel

Zutaten für 50 Stück

Teig:
500 g Vollkornkamutmehl
Abrieb von 1 Zitronenschale
250 g Butter
160 g Honig
1 Ei

Fülle:
180 g geriebener Mohn
50 g Vollkornkamutbrösel
70 g Honig
75 ml Milch
6 EL Zwetschgenmarmelade
3 EL Rum

Dekor:
1 Eidotter
100 g gehobelte Mandeln

Vorbereitungszeit: 40 Minuten
Ruhezeit: 2,5 Stunden
Backzeit: 25 Minuten bei 180 °C

Vollkorn ✓

Mehl und Zitronenschale vermischen, auf eine Arbeitsplatte geben und in die Mitte eine kleine Mulde drücken. Butter in kleine Stücke schneiden und in die Mulde legen, den Honig hinzufügen. Ei untermischen und alles rasch zu einem glatten Teig verkneten. Den Teig in Frischhaltefolie einrollen und mindestens 2 Stunden kühl ruhen lassen.

Für die Mohnfülle zuerst geriebenen Mohn mit Bröseln vermengen und dann mit Honig, Milch, Zwetschgenmarmelade und Rum verrühren.

Den Teig auf eine bemehlte Arbeitsplatte geben und mit einem Rundholz etwa 5 mm dick rechteckig (ca. 30 cm x 20 cm) ausrollen. Teig gleichmäßig mit Mohnfülle belegen. Teig von beiden Längsseiten zur Mitte einrollen und etwa 30 Minuten kühl ruhen lassen. Strudel mit verrührtem Eidotter bestreichen und mit gehobelten Mandeln bestreuen. Strudel in 1 cm dicke Scheiben schneiden und auf ein mit Backpapier belegtes Backblech setzen. Im vorgeheizten Backrohr bei 180 °C etwa 25 Minuten backen.

Tipp

Das Einrollen der Strudel gelingt mithilfe eines unter den Teig gelegten Backpapiers am besten.

Pistazien-Stanitzerl

Zutaten für 40 Stück

Teig:
250 g Vollkorndinkelmehl
Mark von 1 Vanilleschote
120 g Butter
40 g Honig
2 Eidotter
50 ml Rahm

Fülle:
2 Eiweiß
40 g Honig
100 g geriebene Pistazien
50 g geriebene Walnüsse
1 Prise Kardamom

Dekor:
1 Ei

Vorbereitungszeit: 30 Minuten
Ruhezeit: 2 Stunden
Backzeit: 20 Minuten bei 180 °C

Vollkorn ✓

Mehl mit Vanille vermischen, auf eine Arbeitsplatte geben und in die Mitte eine kleine Mulde drücken. Butter in kleine Stücke schneiden und in die Mulde legen, Honig hinzufügen. Die Eidotter mit Rahm vermischen, einarbeiten und alles rasch zu einem glatten Teig verkneten. Den Teig in Frischhaltefolie einrollen und mindestens 2 Stunden kühl ruhen lassen.

Für die Fülle Eiweiß zu Schnee schlagen, dabei Honig langsam beigeben. Pistazien, Nüsse und Kardamom vermischen und unterheben.

Den Teig auf eine bemehlte Arbeitsplatte geben und mit einem Rundholz etwa 4 mm dick ausrollen. Aus dem Teig Kreise mit etwa 8 cm Durchmesser ausstechen, diese halbieren. In die Halbkreise einen Tupfen Fülle geben und zu Stanitzerl zusammenrollen.

Backblech mit Backpapier belegen, die Stanitzerl mit dem Schluss nach unten in gleichmäßigen Abständen darauf verteilen. Ei verrühren, Stanitzerl damit bestreichen und im vorgeheizten Backrohr bei 180 °C etwa 20 Minuten backen.

Tipp

Durch das Ruhen des Teiges wird der Mürbteig geschmeidiger, andernfalls bricht er leicht!

Linzer Augen

Zutaten für 40 Stück

Teig:
300 g Vollkorndinkelmehl
Mark von 1 Vanilleschote
200 g Butter
80 g Honig
1 Ei

Fülle:
125 g rote Johannisbeermarmelade

Vorbereitungszeit: 20 Minuten
Ruhezeit: 2 Stunden
Backzeit: 15 Minuten bei 180 °C
Zeit zum Fertigstellen: 20 Minuten

Vollkorn ✓ **Backen mit Kindern** ✓

Mehl mit Vanille vermischen und auf eine Arbeitsplatte geben. In die Mitte eine kleine Mulde drücken, Butter in kleine Stücke schneiden und in die Mulde legen, den Honig hinzufügen. Das Ei untermischen und alles rasch zu einem glatten Teig verkneten. Teig in Frischhaltefolie einrollen und mindestens 2 Stunden kühl ruhen lassen.

Den Teig auf eine bemehlte Arbeitsplatte geben und mit einem Rundholz etwa 4 mm dick ausrollen. Aus dem Teig Kreise mit etwa 4 cm Durchmesser ausstechen. Die Hälfte davon in der Mitte mit einem kleinen Loch (ca. 1 cm Durchmesser) versehen.

Backblech mit Backpapier belegen, die Kreise in gleichmäßigen Abständen darauf verteilen und im vorgeheizten Backrohr bei 180 °C etwa 15 Minuten backen. Kekserl auskühlen lassen. Danach die ungelochten Teile dünn mit Johannisbeermarmelade bestreichen und die gelochten Scheiben daraufsetzen.

Tipp

Zum Ausstechen der Kreise kann man ein Glas verwenden, für das kleine Loch in der Mitte eignet sich bestens ein Fingerhut.

Napoleonshütchen

Zutaten für 70 Stück

Teig:
250 g Vollkorndinkelmehl
125 g Butter
60 g Honig
1 Ei
Abrieb einer 1/2 Zitronenschale

Fülle:
100 g geriebene Walnüsse
90 g Honig
1 EL Rum
1 EL Milch

Vorbereitungszeit: 30 Minuten
Ruhezeit: 2 Stunden
Backzeit: 15 Minuten bei 180 °C

Vollkorn ✓

Das Mehl auf eine Arbeitsplatte geben und in die Mitte eine kleine Mulde drücken. Butter in kleine Stücke schneiden und in die Mulde legen, den Honig und die Zitronenschale hinzufügen. Die Eier untermischen und alles rasch zu einem glatten Teig verkneten. Den Mürbteig in Frischhaltefolie einrollen und mindestens 2 Stunden kühl ruhen lassen.

Für die Fülle die geriebenen Walnüsse mit Honig, Rum und Milch verrühren. Den Teig auf eine bemehlte Arbeitsplatte geben und mit einem Rundholz etwa 3 mm dick ausrollen. Aus dem Teig Kreise ausstechen und auf ein mit Backpapier belegtes Backblech legen. Kleine Häufchen Nussfülle in die Mitte der Kreise setzen. Die Kreise vorsichtig zu Hütchen formen. Hierfür die Kreise auf drei Seiten nach oben klappen. Napoleonshütchen im vorgeheizten Backrohr bei 180 °C etwa 15 Minuten backen.

Tipp

Mürbteig am Vortag zubereiten und über Nacht kühl ruhen lassen. Das macht den Teig noch geschmeidiger!

Nero

Zutaten für 70 Stück

Teig:
160 g Butter
120 g Honig
1 Prise Vanille
5 Eidotter
250 g Vollkorndinkelmehl
1 EL Kakao

Dekor:
150 g Himbeermarmelade
100 g dunkle Kuvertüre

Vorbereitungszeit: 20 Minuten
Backzeit: 15 Minuten bei 180 °C
Zeit zum Fertigstellen: 20 Minuten

Vollkorn ✓

Butter mit Honig und Vanille schaumig rühren, die Eidotter einzeln beigeben und weiterrühren. Das Mehl mit dem Kakao vermischen und zuletzt langsam unterheben.

Mit einer runden Tülle 5 cm lange Stangerl auf ein mit Backpapier belegtes Backblech dressieren und im Backrohr bei 180 °C etwa 15 Minuten backen.

Nach dem Backen jeweils 2 Stück mit Himbeermarmelade zusammenkleben. Kuvertüre im heißen Wasserbad schmelzen und die Stangerl zur Hälfte darin tunken.

Tipp

Die Stangerl können auch nur mit feinen Schokospritzern verziert werden.

Schwarz-Weiß-Gebäck

Zutaten für 50 Stück

Teig hell:
250 g Dinkelmehl
Mark von 1 Vanilleschote
100 g Puderzucker
125 g Butter
1 TL Rum
1 Eiweiß

Teig dunkel:
zusätzlich 20 g Kakaopulver

Vorbereitungszeit: 60 Minuten
Ruhezeit: 3 Stunden
Backzeit: 12 Minuten bei 180 °C

Mehl mit Vanille und Zucker vermischen und auf eine Arbeitsplatte geben. In die Mitte eine kleine Mulde drücken und die Butter in kleine Stücke schneiden, in die Mulde legen und den Rum hinzufügen. Alles rasch zu einem glatten Teig verkneten. Teig in zwei Hälften teilen und in eine Hälfte des Teiges Kakaopulver einarbeiten. Beide Teige in Frischhaltefolie einrollen und mindestens 2 Stunden kühl ruhen lassen.

Die Teigmassen auf eine bemehlte Arbeitsplatte geben und rechteckig etwa 5 mm dick ausrollen. Für die Hülle jeweils einen 5 cm breiten Streifen zur Seite legen. Aus dem restlichen Teig jeweils 5 mm breite Streifen schneiden. Helle und dunkle Teigstreifen mit verrührtem Eiweiß dünn bestreichen und jeweils drei Streifen zusammensetzen, sodass Quadrate mit Schachbrettmustern entstehen. Die breiten Streifen für die Hülle nochmals etwas dünner (3 mm) ausrollen, mit Eiweiß bestreichen und jeweils die Hälfte des Streifenblocks damit einschlagen.

Die beiden Streifenblöcke wieder 1 Stunde kühl ruhen lassen, danach in 4 mm dicke Scheiben schneiden. Backblech mit Backpapier belegen, die Scheiben in gleichmäßigen Abständen darauf verteilen und im vorgeheizten Backrohr bei 180 °C etwa 12 Minuten backen.

Tipp

Die einfachere Variante ist das Schneckenmuster. Dafür streicht man die ausgerollten Teigplatten mit Eiweiß ein und legt sie übereinander. Die Platten zu einer Rolle drehen, kühl stellen und danach in Scheiben schneiden.

Teegebäck

Zutaten für 60 Stück

Teig:
400 g glutenfreies Mehl
Abrieb einer 1/2 Zitronenschale
Mark von 1 Vanilleschote
200 g Butter
80 g Honig
2 Eidotter

Fülle:
5 EL Weichselmarmelade

Vorbereitungszeit: 20 Minuten
Ruhezeit: 2 Stunden
Backzeit: 15 Minuten bei 180 °C
Zeit zum Fertigstellen: 15 Minuten

glutenfrei ✓

Mehl mit Vanille und Zitronenschale vermischen und auf eine Arbeitsplatte geben. In die Mitte eine kleine Mulde drücken, Butter in kleine Stücke schneiden und in die Mulde legen, den Honig hinzufügen. Eidotter untermischen und alles rasch zu einem glatten Teig verkneten. Teig in Frischhaltefolie einrollen und mindestens 2 Stunden kühl ruhen lassen.

In kleineren Mengen den Teig auf eine mit glutenfreiem Mehl bestreute Arbeitsplatte geben und mit einem Rundholz etwa 4 mm dick ausrollen. Aus dem Teig verschiedene Keksformen ausstechen. Backblech mit Backpapier belegen und Kekserl in gleichmäßigen Abständen darauf verteilen. Kekserl im vorgeheizten Backrohr bei 180 °C etwa 15 Minuten backen.

Die ausgekühlten Kekserl mit Marmelade bestreichen und je 2 Stück zusammenkleben.

Tipp

Kekserl kühl in einer Blechdose aufbewahren, da sie leicht zerfallen.

Schneetaler

Zutaten für 70 Stück

Teig:
300 g Dinkelmehl
Mark von 1 Vanilleschote
100 g geschälte, gemahlene Mandeln
250 g Margarine
120 g Puderzucker

Dekor:
50 g Puderzucker

Vorbereitungszeit: 20 Minuten
Ruhezeit: 2 Stunden
Backzeit: 10 Minuten bei 180 °C
Zeit zum Fertigstellen: 5 Minuten

vegan ✓ Backen mit Kindern ✓

Das Mehl mit Vanille und Mandeln vermischen und auf eine Arbeitsplatte geben. In die Mitte eine kleine Mulde drücken, Butter in kleine Stücke schneiden und in die Mulde legen, den Honig hinzufügen. Alles rasch zu einem glatten Teig verkneten. Den Mürbteig in Frischhaltefolie einrollen und mindestens 2 Stunden kühl ruhen lassen.

Den Teig auf eine bemehlte Arbeitsplatte geben und mit einem Rundholz etwa 4 mm dick ausrollen. Aus dem Teig Taler mit etwa 4 cm Durchmesser ausstechen. Backblech mit Backpapier belegen und Taler in gleichmäßigen Abständen darauf verteilen. Die Taler im vorgeheizten Backrohr bei 180 °C etwa 10 Minuten backen. Taler auskühlen lassen und mit Puderzucker bestreuen.

Tipp

Der Mürbteig kann auch mit Ei hergestellt werden. Die Konsistenz des Teiges ist dann etwas geschmeidiger und bricht nicht so leicht.

Sesam-Halbmonde

Zutaten für 40 Stück
Teig:
100 g Honig
200 g Sesam
Saft und Abrieb von 1 Zitrone
100 g Feigen
100 g entkernte Datteln
je 50 g Orangeat und Zitronat
100 g gemahlene Mandeln
1 Prise Ingwer

Vorbereitungszeit: 30 Minuten
Backzeit: 15 Minuten bei 180 °C

glutenfrei ✓

Honig sowie die Hälfte des Sesams mit dem Saft einer Zitrone und Zitronenschale aufwärmen. Feigen und Datteln klein würfelig schneiden und zusammen mit Orangeat und Zitronat in die Masse rühren. Danach gemahlene Mandeln, restlichen Sesam und Ingwer vermischen und unterheben. Die Masse etwa 1 cm dick auf eine geölte Unterlage streichen und mit einem Ausstecher Halbmonde formen. Die Halbmonde auf ein mit Backpapier belegtes Backblech setzen und bei 180 °C etwa 15 Minuten backen.

Pathesterne

Zutaten für 70 Stück
Teig:
220 g Butter
100 g Honig
1 Eidotter
340 g Vollkorndinkelmehl
Mark von 1 Vanilleschote
Abrieb von 1 Zitronenschale
Himbeermarmelade

Vorbereitungszeit: 20 Minuten
Backzeit: ca. 10 Minuten bei 180 °C

vollkorn ✓ **Backen mit Kindern** ✓

Butter mit Honig schaumig rühren, Eidotter beigeben und weiterrühren. Mehl mit Zitronenschale und Vanille vermischen und langsam unterheben.
Mit einer Sterntülle Tupfen (ca. 2 cm Durchmesser) auf ein mit Backpapier belegtes Backblech dressieren. Auf die Spitze der Punkte einen Tropfen Himbeermarmelade geben und im vorgeheizten Backrohr bei 180 °C etwa 10 Minuten backen.

Tipp

Ist die Masse zu weich, eventuell noch etwas Mehl beifügen.

Zitronenherzen

Zutaten für 40 Stück

Teig:
3 Eidotter
100 g Honig
Mark von 1 Vanilleschote
Abrieb von 1 Zitronenschale
200 g geriebene, geschälte Mandeln

Glasur:
50 g Puderzucker
Saft von 1 Zitrone

Vorbereitungszeit: 20 Minuten
Ruhezeit: 30 Minuten
Backzeit: 15 Minuten bei 180 °C
Zeit zum Fertigstellen: 20 Minuten

glutenfrei ✓

Eidotter mit Honig und Vanille zu einer cremigen Masse verrühren. Zitronenschale und Mandeln dazugeben. Masse etwa 30 Minuten kühl ruhen lassen.

Das Backbrett mit Mandeln bestreuen und den Teig darauf 5 mm dick ausrollen. Mit einer Form Herzen ausstechen und auf einem mit Backpapier belegten Backblech gleichmäßig verteilen. Im vorgewärmten Backrohr etwa 15 Minuten bei 180 °C backen.

Für die Glasur Puderzucker und Zitronensaft glatt rühren und die noch warmen Herzen damit dünn bestreichen.

Tipp

Mandeln in kleinen Portionen dazugeben, der Teig darf nicht klebrig werden. Dieses Rezept enthält kein Mehl und ist daher für glutenfreie Ernährung geeignet.

Zimtsterne

Zutaten für 40 Stück

Teig:
2 Eiweiß
150 g Puderzucker
175 g gemahlene Mandeln
2 Prisen Zimt
Abrieb von 1 Zitronenschale

Vorbereitungszeit: 30 Minuten
Ruhezeit: 30 Minuten
Backzeit: 20 Minuten bei 180 °C
glutenfrei ✓

Eiweiß zu Schnee schlagen, den Puderzucker langsam einrieseln lassen. Für die Glasur 5 EL Eischnee abnehmen und kühl stellen. Mandeln, Zimt und Zitronenschale vorsichtig unter den restlichen Schnee heben. Schaummasse etwa 30 Minuten im Kühlschrank ruhen lassen, danach ca. 5 mm dick ausrollen und Sterne ausstechen.

Sterne auf ein mit Backpapier belegtes Backblech legen, dünn mit dem zurückbehaltenen Eischnee bestreichen und im vorgewärmten Backrohr 20 Minuten bei 180 °C backen.

Tipp

Sternausstecher in Puderzucker tauchen, damit der Teig nicht daran kleben bleibt.

Nougatkrapferl

Zutaten für 50 Stück

Teigboden:
200 g Vollkorndinkelmehl
50 g gemahlene Haselnüsse
1 Prise Zimt
1 Prise Nelkenpulver
100 g Butter
40 g Honig
1 Ei

Nougatdekor:
250 g Nussnougatmasse
60 g Marzipanrohmasse

Vorbereitungszeit: 20 Minuten
Ruhezeit: 2 Stunden
Backzeit: 15 Minuten bei 180 °C
Zeit zum Fertigstellen: 30 Minuten

Vollkorn ✓ Backen mit Kindern ✓

Das Mehl mit den gemahlenen Haselnüssen und den Gewürzen vermischen und auf eine Arbeitsplatte geben. In die Mitte eine kleine Mulde drücken, Butter in kleine Stücke schneiden und in die Mulde legen, den Honig hinzufügen. Das Ei untermischen und alles rasch zu einem glatten Teig verkneten. Den Teig in Frischhaltefolie einrollen und mindestens 2 Stunden kühl ruhen lassen.

Aus dem Teig haselnussgroße Kugeln formen und auf ein mit Backpapier belegtes Backblech setzen. Mit einem bemehlten Kochlöffelstiel eine Vertiefung in die Kugeln drücken und im vorgeheizten Backrohr bei 180 °C etwa 15 Minuten backen. Kleine Häufchen Nussnougatmasse auf die ausgekühlten Krapferl geben. Die Marzipanrohmasse dünn ausrollen und kleine Sterne ausstechen. Diese auf die Krapferl setzen.

Tipp

Marzipanrohmasse kann auch mit Himbeersirup rot eingefärbt werden.

Tiroler Teegebäck

Zutaten für 50 Stück

Teig:
220 g Vollkornkamutmehl
Mark von 1 Vanilleschote
1 Prise Zimt
120 g Butter
120 g Honig
1 Ei
100 g geschälte, gemahlene Mandeln
30 g klein geschnittene Zitronenschalen
30 g klein geschnittene Orangenschalen

Dekor:
1 Ei zum Bestreichen
30 g gehobelte Mandeln

Vorbereitungszeit: 20 Minuten
Ruhezeit: 2 Stunden
Backzeit: 15 Minuten bei 180 °C

Vollkorn ✓ **Backen mit Kindern** ✓

Mehl mit Vanille und Zimt vermischen, auf eine Arbeitsplatte geben und in die Mitte eine kleine Mulde drücken. Butter in kleine Stücke schneiden und in die Mulde legen, Honig, Mandeln, Zitronenschalen und Orangenschalen hinzufügen. Das Ei untermischen und alles rasch zu einem glatten Teig verkneten. Den Mürbteig in Frischhaltefolie einrollen und mindestens 2 Stunden kühl ruhen lassen.

Den Teig in kleineren Mengen auf eine bemehlte Arbeitsplatte geben und mit einem Rundholz etwa 6 mm dick ausrollen. Aus dem Teig Quadrate (ca. 3 cm x 3 cm) schneiden. Backblech mit Backpapier belegen und Quadrate in gleichmäßigen Abständen darauf verteilen. Mit Ei bestreichen und mit gehobelten Mandeln verzieren. Die Quadrate im vorgeheizten Backrohr bei 180 °C etwa 15 Minuten backen.

Tipp

Mürbteig am Vortag zubereiten und über Nacht kühl ruhen lassen. Das macht den Teig noch geschmeidiger!

Vanillekipferl

Zutaten für 70 Stück

Teig:
250 g Dinkelmehl
Mark von 1 Vanilleschote
100 g geriebene Haselnüsse
200 g Butter
70 g Staubzucker
1 Ei

Dekor:
100 g Staubzucker
Mark von 1 Vanilleschote

Vorbereitungszeit: 20 Minuten
Ruhezeit: 2 Stunden
Backzeit: 10 Minuten bei 180 °C
Zeit zum Fertigstellen: 15 Minuten
Backen mit Kindern ✓

Mehl mit den geriebenen Haselnüssen und der Vanille vermischen und auf eine Arbeitsplatte geben. In die Mitte eine kleine Mulde drücken, Butter in kleine Stücke schneiden und in die Mulde legen, den Zucker hinzufügen. Das Ei untermischen und alles rasch zu einem glatten Teig verkneten. Teig in Frischhaltefolie einrollen und mindestens 2 Stunden kühl ruhen lassen.

Den Teig auf eine bemehlte Arbeitsplatte geben und eine fingerdicke Rolle formen. Aus der Rolle etwa 1 cm lange Stücke abtrennen und mit der flachen Hand kleine Kipferl formen.

Backblech mit Backpapier belegen und Kipferl in gleichmäßigen Abständen darauf verteilen. Die Kipferl im vorgeheizten Backrohr bei 180 °C etwa 10 Minuten backen. Staubzucker mit Vanille vermischen und die noch warmen Kipferl darin wenden.

Hinweis: Kinder lieben das Formen von Kipferl, so erhält man garantiert einzigartige Exemplare!

Tipp

Nach dem Ruhen den Teig in mehrere kleine Stücke teilen und kurz durchkneten!

Busserl & Makronen

Feigenbusserl

Zutaten für 70 Stück
Teig:
1 Eiweiß
120 g Puderzucker
Mark von 1 Vanilleschote
120 g getrocknete Feigen
120 g geriebene Mandeln

Vorbereitungszeit: 20 Minuten
Backzeit: 20 Minuten bei 160 °C

glutenfrei ✓

Eiweiß und Puderzucker schaumig rühren. Getrocknete Feigen klein würfelig schneiden und mit den Mandeln unter die Masse mischen.

Mit zwei feuchten Teelöffeln kleine Häufchen abnehmen und auf ein mit Backpapier belegtes Backblech setzen. Die Busserl im vorgeheizten Backrohr etwa 20 Minuten bei 160 °C hellgelb backen.

Tipp

Nach Belieben können auch je zwei Busserl mit Schokolade zusammengesetzt werden.

Hirsebusserl

Zutaten für 30 Stück
Teig:
75 g Butter
90 g Honig
125 g Hirseflocken
1 Ei
50 g Vollkorndinkelmehl
1 Prise geriebene Muskatnuss

Vorbereitungszeit: 30 Minuten
Backzeit: 15 Minuten bei 180 °C

Vollkorn ✓

Butter mit 1 EL Honig erwärmen und Hirseflocken einrühren. Ei schaumig rühren, den restlichen Honig langsam dazugeben, bis eine cremige Masse entsteht.

Das Mehl mit dem Muskatabrieb vermischen. Die ausgekühlte Hirsemasse mit der cremigen Eiermasse verrühren und zuletzt die Mehlmischung langsam unterheben.

Mit zwei feuchten Teelöffeln kleine Häufchen auf ein mit Backpapier belegtes Backblech dressieren und im Backrohr bei 180 °C etwa 15 Minuten backen.

Haferflockenbusserl

Zutaten für 50 Stück

Teig:
200 g Haferflocken
50 g gehackte Haselnüsse
30 g Butter
120 g Zucker
2 Eier
Abrieb von 1 Zitronenschale
Saft von 1 Zitrone
Mark von 1 Vanilleschote

Dekor:
50 g ganze Haselnüsse

Vorbereitungszeit: 30 Minuten
Backzeit: 15 Minuten bei 180 °C

Haferflocken und Haselnüsse in Butter und in der Hälfte des Zuckers goldbraun rösten und auskühlen lassen.

Eier mit restlichem Zucker, Zitronensaft, Zitronenschale und Vanille schaumig rühren. Haferflocken-Nuss-Masse mit dem Schneebesen unter die Eiermasse heben.

Mithilfe eines Spritzbeutels kleine Häufchen auf ein mit Backpapier belegtes Backblech spritzen. Jedes Busserl mit einer Haselnuss verzieren und im vorgeheizten Backrohr etwa 15 Minuten bei 180 °C hellgelb backen.

Tipp

Nach Belieben können je zwei Busserl mit Johannisbeermarmelade zusammengesetzt werden!

Mandelhappen

Zutaten für 30 Stück

Teig:
3 Eiweiß
150 g Puderzucker
100 g gemahlene Mandeln
Mark von 1 Vanilleschote
30 g gehackte Mandeln

Dekor:
100 g Himbeermarmelade

Vorbereitungszeit: 20 Minuten
Backzeit: 10 Minuten bei 180 °C
Zeit zum Fertigstellen: 30 Minuten
Vollkorn ✓

Eiweiß zu Schnee schlagen, Puderzucker langsam einrieseln lassen und fertig schlagen. Gemahlene Mandeln mit Vanille vermischen und vorsichtig unter den Eischnee heben. Auf ein mit Backpapier belegtes Backblech mit einem Spritzbeutel gleichmäßig Tupfen (ca. 3 cm Durchmesser) spritzen.

Die Tupfen mit gehackten Mandeln bestreuen und im vorgeheizten Backrohr etwa 10 Minuten bei 180 °C backen.

Die Hälfte der Mandelhappen mit Marmelade bestreichen und mit der anderen Hälfte zusammensetzen.

Tipp

Als Spritzbeutel eignen sich auch einfache Plastiksäckchen, welchen man eine Ecke abschneidet.

Schokokuss

Zutaten für 30 Stück

Teig:
60 g Butter
60 g Honig
250 g Bitterschokolade
1 Ei
100 g Vollkorndinkelmehl
50 g Haferflocken
50 g gehackte Mandeln
50 g gehackte Haselnüsse
je 50 g Zitronat und Orangeat
1 EL Kakao
1 Prise Nelkenpulver
1 Prise Kardamom
1 Prise Piment
30 Backoblaten (3 cm Durchmesser)

Dekor:
100 g dunkle Kuvertüre

Vorbereitungszeit: 40 Minuten
Backzeit: 20 Minuten bei 180 °C
Zeit zum Fertigstellen: 20 Minuten
Vollkorn ✓

Butter mit Honig schaumig rühren, Ei beigeben und weiterrühren. Schokolade raspeln und mit Mehl, Haferflocken, Nüssen, Mandeln, Orangeat, Zitronat, Kakao und Gewürzen mischen und alles vorsichtig unter die Masse heben.

Backblech mit Backpapier belegen, Oblaten gleichmäßig darauf verteilen und mit einem Teelöffel kleine Häufchen daraufgeben. Schokoküsse im vorgeheizten Backrohr bei 180 °C etwa 20 Minuten backen.

Kuvertüre über heißem Wasserbad schmelzen und ausgekühlte Busserl zur Hälfte eintauchen.

Tipp

Zum Portionieren der Masse auf den Oblaten können Sie auch eine Teigkarte oder einen Spritzbeutel verwenden!

Kokosbusserl

Zutaten für 70 Stück

Teig:
3 Eiweiß
2 TL Zitronensaft
Mark von 1 Vanilleschote
200 g Zucker
220 g Kokosflocken

Dekor:
50 g Dunkle Kuvertüre

Vorbereitungszeit: 30 Minuten
Backzeit: 20 Minuten bei 160 °C
Zeit zum Fertigstellen: 20 Minuten
glutenfrei ✓ Backen mit Kindern ✓

Die Eiweiß mit Zitronensaft und Vanille zu steifem Schnee schlagen. Den Zucker unter weiterem Schlagen nach und nach einrieseln lassen. Kokosflocken mit dem Schneebesen unter den Eischnee heben.

Mit zwei feuchten Teelöffeln von der Schaummasse kleine Häufchen abnehmen und auf ein mit Backpapier belegtes Backblech gleichmäßig verteilen. Die Busserl im vorgeheizten Backrohr etwa 20 Minuten bei 160 °C hellgelb backen.

Dunkle Kuvertüre im heißen Wasserbad schmelzen und mit einem Teelöffel über die Busserl träufeln; gut trocknen lassen.

Tipp

Nach Belieben können auch je zwei Busserl mit Schokolade zusammengesetzt werden. Anstelle von dunkler Kuvertüre können die Busserl auch mit Johannisbeermarmelade garniert werden.

Schoko-Johannisbeer-Makronen

Zutaten für 30 Stück

Teig:
450 g Marzipanrohmasse
400 g Zucker
5 Eiweiß
100 g Kuvertüre
90 g gemahlene Mandeln
1 Prise Zimt

Fülle:
150 g Johannisbeermarmelade

Vorbereitungszeit: 30 Minuten
Backzeit: 15 Minuten bei 160 °C
Zeit zum Fertigstellen: 30 Minuten
glutenfrei ✓

Marzipan und Zucker verkneten, die Eiweiß einarbeiten. Die Hälfte der Kuvertüre klein hacken, mit Mandeln und Zimt vermischen und unter die Masse kneten.

Mithilfe eines Spritzbeutels gleichmäßig walnussgroße Tupfen auf ein mit Backpapier belegtes Backblech spritzen. Die Makronen im vorgeheizten Backrohr etwa 15 Minuten bei 160 °C backen.

Die Hälfte der Makronen mit Johannisbeermarmelade bestreichen und mit den übrigen Makronen zusammensetzen. Restliche Kuvertüre im heißen Wasserbad schmelzen und gefüllte Makronen bis zur Hälfte in Kuvertüre tauchen.

Mokkamakronen

Zutaten für 60 Stück

Teig:
3 Eiweiß
150 g Puderzucker
300 g gehackte Mandeln
100 g Schokoladeraspeln
2 TL Löskaffee
50 g Stärke
60 Backoblaten
(etwa 4 cm Durchmesser)

Dekor:
100 g weiße Kuvertüre
60 Mokkabohnen

Vorbereitungszeit: 30 Minuten
Backzeit: 20 Minuten bei 180 °C
Zeit zum Fertigstellen: 20 Minuten

glutenfrei ✓ Backen mit Kindern ✓

Eiweiß zu Schnee schlagen, Zucker langsam einrieseln lassen und Schnee fertig schlagen. Gehackte Mandeln, Schokoraspeln, Kaffeepulver und Stärke vermischen und vorsichtig unter den Eischnee heben.

Die Backoblaten auf ein mit Backpapier belegtes Backblech gleichmäßig verteilen. Mit zwei feuchten Teelöffeln von der Schaummasse kleine Häufchen abnehmen und auf die Oblaten setzen. Die Makronen im vorgeheizten Backrohr etwa 20 Minuten bei 180 °C backen.

Weiße Kuvertüre im heißen Wasserbad schmelzen und mit einem Teelöffel einen großen Tupf auf die Makronen träufeln und mit einer Mokkabohne verzieren.

Tipp

Ist die Makronenmasse zu fest, kann man etwas Eiweiß beigeben.

Mohnmakronen

Zutaten für 40 Stück

Teig:
100 g Marzipanrohmasse
100 g Zucker
3 Eiweiß
75 g gemahlener Mohn
75 g gemahlene Mandeln
1 Prise Zimt

Fülle:
100 g Zwetschgenmarmelade

Marzipan und Zucker verkneten, das Eiweiß unterrühren. Mohn, Mandeln und Zimt vermischen und unter die Masse rühren.

Mithilfe eines Spritzbeutels auf ein mit Backpapier belegtes Backblech gleichmäßig haselnussgroße Tupfen spritzen. Die Makronen im vorgeheizten Backrohr etwa 15 Minuten bei 160 °C backen.

Die Hälfte der Makronen mit der Zwetschgenmarmelade bestreichen und mit den restlichen Makronen zusammensetzen.

Vorbereitungszeit: 30 Minuten
Backzeit: 15 Minuten bei 160 °C
Zeit zum Fertigstellen: 15 Minuten
glutenfrei ✓

Tipp
Makronen in Papierförmchen wirken noch edler!

Nussbusserl

Zutaten für 70 Stück

Teig:
1 Ei
50 g Butter
80 g Honig
100 g Vollkorndinkelmehl
100 g geriebene Walnüsse
Mark von 1 Vanilleschote

Dekor:
100 g halbierte Walnüsse

Vorbereitungszeit: 15 Minuten
Backzeit: 25 Minuten bei 180 °C

Vollkorn ✓ **Backen mit Kindern** ✓

Ei in Dotter und Eiweiß trennen. Die Eiweiß zu Schnee schlagen, dabei etwa die Hälfte des Honigs langsam beifügen und fertig schlagen.

Weiche Butter und Honig schaumig rühren und Eidotter beigeben. Mehl, Nüsse und Vanille vermischen und gemeinsam mit dem Eischnee vorsichtig unter die Dottermasse heben.

Mit zwei feuchten Teelöffeln kleine Häufchen abnehmen, auf ein mit Backpapier belegtes Backblech setzen und mit Walnuss-Hälften verzieren.

Die Busserl im vorgeheizten Backrohr ca. 25 Minuten bei 180 °C hellgelb backen.

Tipp

Die Busserl erhalten ein gleichmäßigeres Aussehen, wenn sie mit einem Spritzbeutel portioniert werden.

Konfekt

Marillenschnittchen

Zutaten für 40 Stück

Teig:
200 g getrocknete Marillen
100 g Orangeat
100 g kandierte Zitronen
100 g Sultaninen
100 g gemahlene Mandeln
100 g Sesam
80 g Agavendicksaft
2 große rechteckige Backoblaten

Vorbereitungszeit: 30 Minuten
Ruhezeit: über Nacht trocknen lassen

vegan ✓

Die kandierten und getrockneten Früchte klein würfelig schneiden und mit den gemahlenen Mandeln, Sesam und Agavendicksaft vermischen.

Die Masse etwa 1 cm dick auf eine Backoblate streichen und mit der zweiten Oblate zudecken. Über Nacht – mit einem Küchenbrett beschwert – trocknen lassen. Anschließend Schnitten in Würfel (3 cm x 3 cm) schneiden.

Tipp

Das ist ein einfaches und überaus praktisches Rezept, zumal kein Backvorgang notwendig ist!

Nuss-Marillen-Pralinen

Zutaten für 30 Stück

Teig:
125 g getrocknete Marillen
3 EL Marillenlikör
200 g Marzipanrohmasse
15 g Agavendicksaft

Glasur:
100 g dunkle Kuvertüre
halbierte Walnüsse

Vorbereitungszeit: 20 Minuten
Ruhezeit: 2 Stunden
Zeit zum Fertigstellen: 15 Minuten

vegan ✓ glutenfrei ✓

Marillen in kleine Würfel schneiden, mit Marillenlikör übergießen und 2 Stunden ruhen lassen.

Marzipan und Agavendicksaft dazugeben und gut durchmischen. Aus der Masse eine 2 cm dicke Rolle formen und in 5 mm breite Stücke schneiden.

Kuvertüre im heißen Wasserbad schmelzen und Marzipanscheiben darin eintauchen.

Nach Belieben mit einer halben Walnuss dekorieren und in kleinen Papierförmchen trocknen lassen.

Tipp

Marillenlikör kann auch durch Marillensirup ersetzt werden.

Rohkostkugeln

Zutaten für 30 Stück

Masse:
100 g getrocknete Feigen
100 g getrocknete Marillen
100 g Datteln
80 g gehackte Walnüsse
40 g gehacktes Orangeat
50 ml Obstler
1 EL Zwetschgenmarmelade

Dekor:
100 g dunkle Kuvertüre
30 g gehackte Haselnüsse

Die Früchte klein würfelig schneiden und mit den Walnüssen, Orangeat, Obstler und Zwetschgenmarmelade vermischen.

Aus der Masse etwa walnussgroße Kugeln formen.

Kuvertüre im heißen Wasserbad schmelzen, Kugeln darin tunken und mit Haselnüssen bestreuen. Über Nacht kühl stellen.

Vorbereitungszeit: 30 Minuten
Ruhezeit: über Nacht trocknen lassen

vegan ✓ glutenfrei ✓

Tipp

Wenn Sie den Obstler durch Fruchtsirup ersetzen, dürfen auch Kinder davon naschen!

Schokolade-Mandelsplitter

Zutaten für 50 Stück

Masse:
250 g geschälte Mandelstifte
100 g Butter
400 g weiße Schokolade

Vorbereitungszeit: 30 Minuten
glutenfrei ✓

Mandelstifte mit 30 g Butter in einer Pfanne hellgelb rösten. Schokolade im heißen Wasserbad mit der restlichen Butter schmelzen. Mandelstifte unterrühren und Masse etwas auskühlen lassen. Mithilfe zweier Teelöffel kleine Tupfen auf ein Backpapier setzen und kalt stellen.

Tipp

Einfache Nascherei ohne Backen!

Pistazien-Marzipan-Herzen

Zutaten für 40 Stück

Teig:
200 g Marzipanrohmasse
50 g Honig
50 g gemahlene Pistazienkerne
1 EL Kirschlikör

Dekor:
100 g dunkle Kuvertüre
50 g gehackte Pistazienkerne

Vorbereitungszeit: 30 Minuten
Ruhezeit: 2 Stunden
Zeit zum Fertigstellen: 20 Minuten
glutenfrei ✓

Marzipanrohmasse, Honig, gemahlene Pistazienkerne und Likör zusammenkneten und auf einer mit Puderzucker bestreuten Arbeitsplatte etwa 1 cm dick ausrollen. Mit einem Ausstecher Herzen formen und für etwa 2 Stunden kühl ruhen lassen.

Dunkle Kuvertüre im heißen Wasserbad schmelzen, die Herzen darin tunken. Mit Pistazienkernen dekorieren und auf Backpapier trocknen lassen.

Rumkugeln

Zutaten für 60 Stück

Teig:
250 g gemahlene Mandeln
250 g Vollkorndinkelbrösel
150 g Agavendicksaft
4 EL Rum
Abrieb von 1/2 Zitronenschale
Mark von 1 Vanilleschote

Dekor:
2 EL Kakaopulver

Alle Zutaten mischen, gut verrühren und etwa 30 Minuten kühl ruhen lassen.

Danach eine ca. 2 cm dicke Rolle formen und in etwa 2 cm lange Stücke schneiden. Zwischen den Handflächen vorsichtig zu Kugeln formen. Die Kugeln in Kakaopulver wälzen.

Vorbereitungszeit: 30 Minuten
vegan ✓ Vollkorn ✓

Tipp

Einzeln in kleine Papierförmchen gelegt, kommen die Rumkugeln noch besser zur Geltung.

Schokokugeln

Zutaten für 30 Stück

Teig:
70 g dunkle Kuvertüre
100 g geschälte, gemahlene Mandeln
Mark von 1 Vanilleschote
50 g Margarine
50 g Agavendicksaft

Dekor:
100 gehackte Haselnüsse

Vorbereitungszeit: 20 Minuten
Ruhezeit: 2 Stunden

vegan✓ glutenfrei✓

Dunkle Kuvertüre grob raspeln, mit Mandeln und Vanille vermischen. Butter mit Honig glatt rühren und mit der Mandelmischung verkneten. Teig in Frischhaltefolie einrollen und mindestens 2 Stunden kühl ruhen lassen.

Den Teig auf eine bemehlte Arbeitsplatte geben und eine ca. 2 cm dicke Rolle formen. Davon etwa 2 cm lange Stücke abschneiden und mit den Handflächen zu Kugeln formen. Kugeln in gehackten Haselnüssen wälzen und in Papierförmchen setzen.

Weihnachts-Klassiker & Lebkuchen

Bischofsbrot

Teig:
25 g Schokolade
25 g Rosinen
25 g Zitronat
25 g Orangeat
3 Eier
180 g Puderzucker
4 EL Wasser
180 g Dinkelmehl
Mark von 1 Vanilleschote
Abrieb von 1 Zitronenschale

Dekor:
100 g gehobelte Mandeln

Vorbereitungszeit: 30 Minuten
Backzeit: 40 Minuten bei 180 °C

Schokolade klein würfelig schneiden und mit Rosinen, Zitronat, Orangeat vermischen.
Eier in Eiweiß und Dotter trennen. Eiweiß zu Schnee schlagen, ca. die Hälfte des Zuckers langsam einrieseln lassen und fertig schlagen.

Dotter, Wasser und den restlichen Puderzucker so lange im heißen Wasserbad schaumig schlagen, bis die Masse dickschaumig ist. Masse unter ständigem Rühren auskühlen lassen.

Mehl mit Vanille und Zitronenschale vermischen und gemeinsam mit dem Schnee nach und nach vorsichtig unter die Dottermasse heben. Danach Schokolade-Früchtemischung langsam einrühren.

Backform einfetten und mit gehobelten Mandeln auslegen, Masse einfüllen und im vorgeheizten Backrohr bei 180 °C etwa 40 Minuten backen. Kuchen noch warm aus der Form stürzen.

Tipp

Dieses klassische Bischofsbrot kann natürlich auch als Vollkornvariante gebacken werden. Nehmen Sie Vollkorndinkelmehl und ersetzen Sie den Zucker durch 150 g Honig.

Christstollen

Teig:
60 g Germ (Hefe)
50 ml Wasser
250 g Vollkorndinkelmehl
1 Prise Zimt
1 Prise Koriander
1 Prise Kardamom
Saft von 1/2 Zitrone
50 g Honig
100 g Butter
1 Ei

Früchtemischung:
125 g Rosinen
90 g Nüsse
75 g Orangeat
50 g Mandeln
1 Schuss Rum

Dekor:
1 Ei
Mandelsplitter

Germ in lauwarmem Wasser auflösen. Mehl, Salz und Gewürze in eine Schüssel geben und vermischen. Aufgelöste Germ und Honig der Mehlmischung beimengen und gut durchkneten. Butter in kleine Stücke schneiden und in den Teig einarbeiten.

Die Früchtemischung ansetzen und erst zum Schluss dem Teig untermengen (damit die Früchte ganz bleiben). Die Backform zur Hälfte mit dem Teig füllen und etwa 40 Minuten aufgehen lassen (bis die Form fast voll ist).

Da der Stollenteig ein sehr „schwerer“ Hefeteig ist, ist die „Gare“ sehr wichtig. Anschließend den Teig mit verrührtem Ei bestreichen, mit Mandelsplittern bestreuen und im Backrohr 50 Minuten bei 180 °C backen.

Vorbereitungszeit: 20 Minuten
Ruhezeit: 40 Minuten „Gare“
Backzeit: 50 Minuten bei 180 °C

Vollkorn ✓

Tipp

Dieses Rezept ist einfach zu backen, gelingt daher auch weniger Geübten!

Dresdner Stollen

Vorteig:
40 g Germ (Hefe)
75 ml Milch
12 g Zucker
150 g Weizenmehl

Teig:
100 g Butter
150 g Mehl
50 ml Milch
2 Eidotter
1 Prise Salz
1 Prise Kardamom
1 Prise Zimt
1 Prise Koriander
1 Prise Muskatnuss
100 g Rohmarzipan

Früchtemischung:
250 g Rosinen
100 g Orangeat
40 g Zitronat
70 g gehackte Mandeln
Mark von 1 Vanilleschote
Abrieb von 1 Orangen- und Zitronenschale
70 ml Wasser

Dekor:
30 g Butter
30 g Puderzucker

Vorbereitungszeit: 40 Minuten
Ruhezeit: 3 x 30 Minuten „Gare"
Backzeit: 60 Minuten bei 180 °C

Vollkorn ✓

Am Vortag alle Zutaten für die Früchtemischung in einer Schüssel vermengen und bedeckt an einem warmen Platz durchziehen lassen.

Für den Vorteig die Germ in lauwarmer Milch auflösen. Zucker und Mehl in einer Schüssel vermischen, die aufgelöste Germ dazugeben und zu einem glatten Teig verkneten. Vorteig mit etwas Mehl bestäuben und zugedeckt etwa 30 Minuten an einem warmen Platz gehen lassen, bis sich der Teig verdoppelt hat. Butter und Marzipan in kleine Stückchen schneiden und mit Mehl, Milch, Eidotter, Salz und Gewürzen über den Vorteig verteilen und zu einem glatten Teig verkneten. Teig zugedeckt wieder etwa 30 Minuten gehen lassen.

Früchte vorsichtig unter den Teig heben, Teig zu einem Rechteck ausrollen, von beiden Seiten zur Mitte schlagen und rechte Teighälfte über die linke legen. Mit dem Rundholz auf der rechten geschlossenen Seite stark abdrücken, auf ein mit Backpapier belegtes Backblech setzen und erneut etwa 30 Minuten gehen lassen. Danach im vorgewärmten Backrohr bei 180 °C 1 Stunde backen.

Die Butter zerlassen, den noch heißen Stollen mit der flüssigen Butter bepinseln und mit Puderzucker bestäuben.

Kletzenbrot

Brotteig:
70 g Vollkornroggenmehl für Sauerteig
70 ml warmes Wasser für Sauerteig
5 g Germ (Hefe)
60 ml warmes Wasser
100 g Vollkornweizenmehl
4 g Salz

Früchtemischung:
70 g Kletzen (getrocknete Birnen)
50 g getrocknete Zwetschken
50 g getrocknete Feigen
50 g getrocknete Marillen
50 g Rosinen
50 g Walnüsse
50 ml Rum

Dekor:
ganze Mandeln
kandierte Kirschen

Vorbereitungszeit: 30 Minuten (Vortag), 50 Minuten
Ruhezeit: insgesamt 60 Minuten „Gare"
Backzeit: 50 Minuten bei 200 °C

vegan ✓ Vollkorn ✓

Für die Früchtemischung alle Früchte grob schneiden, mit Rum ansetzen und über Nacht stehen lassen. Den Sauerteig durch Vermengen von Roggenmehl mit lauwarmem Wasser ansetzen und ebenfalls über Nacht an einem warmen Ort zugedeckt stehen lassen.

Für den Brotteig Germ in warmem Wasser auflösen und mit Sauerteig, Mehl und Salz verrühren und zu einem mittelfesten Teig kneten. Teig etwa 30 Minuten an einem warmen Ort zugedeckt ruhen lassen.

Die Früchtemischung in den Brotteig einarbeiten und zu einem Laib formen. Das Früchtebrot mit dem Schluss (Teigränder) nach unten auf ein mit Backpapier belegtes Backblech setzen und wiederum etwa 30 Minuten ruhen lassen.

Anschließend das Früchtebrot mit Wasser bestreichen, mit ganzen Mandeln und kandierten Kirschen dekorieren und im Backrohr 50 Minuten bei 200 °C backen.

Tipp

Die „Gare" des Brotteiges ist für die Lockerung wichtig!

Advent-Gugelhupf

Dampfl (Vorteig):
100 g Vollkorndinkelmehl
60 ml Milch
25 g Germ (Hefe)

Teig:
125 g Butter
1 Ei
4 Eidotter
60 g Honig
1 Prise Salz
1 EL Rum
Mark von 1 Vanilleschote
Abrieb von 1 Orangenschale
1 Prise Muskatnuss
150 g Vollkorndinkelmehl
100 g Rosinen

Dekor:
50 g gehobelte Mandeln

Vorbereitungszeit: 30 Minuten
Ruhezeit: 40 Minuten
Backzeit: 60 Minuten bei 180 °C

Vollkorn ✓

Für das Dampfl Mehl, warme Milch und Germ in einer Schüssel durchmischen und an einem warmen Ort etwa 20 Minuten ruhen lassen.

Nach der Teigruhe Butter, Ei, Eidotter, Honig, Salz, Rum, Gewürze und Mehl beigeben und gut kneten. Zuletzt Rosinen vorsichtig unterkneten. Gugelhupfform sorgfältig mit Butter einfetten und mit gehobelten Mandeln auslegen. Teig in die Form füllen und nochmals etwa 20 Minuten an einem warmen Ort ruhen lassen.

Gugelhupf im vorgewärmten Ofen bei 180 °C etwa 60 Minuten backen. Danach Gugelhupf aus der Form stürzen und auskühlen lassen.

Tipp

Um den gebackenen Gugelhupf leichter aus der Form zu lösen, einfach ein feuchtes Tuch außen um die Form wickeln und erst nach einigen Minuten den Gugelhupf stürzen.

Elisenlebkuchen

Zutaten für 50 Stück

Teig:
100 g geriebene Walnüsse
100 g geriebene Mandeln
50 g Dinkelmehl
1 Prise Zimt
1 Prise Nelkenpulver
1 Prise Kardamom
1 Prise Muskatnuss
je 25 g Orangeat und Zitronat
4 Eiweiß
200 g Marzipanrohmasse
2 g Pottasche
1 EL Wasser
250 g Zucker
runde Backoblaten (ca. 5 cm Durchmesser)

Dekor:
100 g ganze Mandeln
100 g Puderzucker
2 EL Wasser

Vorbereitungszeit: 40 Minuten
Backzeit: 15 Minuten bei 200 °C
Zeit zum Fertigstellen: 20 Minuten

Nüsse, Mehl, Mandeln, Gewürze, Orangeat und Zitronat vermischen. Marzipan mit einem Eiweiß zu einer weichen Masse verrühren. Pottasche in kaltem Wasser auflösen. Die restlichen Eiweiß zu Schnee schlagen und Zucker langsam einrieseln lassen.

Marzipanmasse mit der Schneemasse vorsichtig verrühren, die Nuss-Gewürzmischung und die aufgelöste Pottasche unterheben. Backoblaten mit einem Häufchen Masse (etwa 7 mm dick) bestreichen und auf das mit Backpapier belegte Backblech legen.

Nach Belieben mit ganzen Mandeln verzieren. Lebkuchen im vorgeheizten Backrohr bei 200 °C etwa 15 Minuten backen.

Puderzucker mit Wasser glatt rühren und Lebkuchen damit bestreichen.

Tipp

Runde Backoblaten kann man selbst herstellen, indem man mit einem scharfen Keksausstecher aus den Oblaten die gewünschte Form aussticht.

Früchte-Lebkuchen

Zutaten für 70 Stück

Teig:
400 g Vollkorndinkelmehl
1 Prise Zimt
1 Prise Nelkenpulver
1 Prise Kardamom
1 Prise Muskatnuss
350 g Honig
1 Ei
6 g Pottasche
50 ml Milch

Früchtemischung:
50 g getrocknete Birnen
50 g getrocknete Zwetschken
50 g getrocknete Feigen
50 g getrocknete Marillen
50 g Rosinen
50 g Walnüsse
50 ml Rum

Dekor:
Marillenmarmelade
100 g gehackte Haselnüsse

Vorbereitungszeit: 40 Minuten
Backzeit: 15 Minuten bei 200 °C
Zeit zum Fertigstellen: 30 Minuten

Vollkorn✓

Mehl und Gewürze vermischen. Honig erwärmen und mit Ei und Mehlmischung zu einem Teig verkneten. Pottasche in Milch auflösen und während des Knetens langsam beigeben. Teig zugedeckt mindestens 24 Stunden ruhen lassen.

Für die Früchtemischung alle Früchte grob schneiden, mit Rum ansetzen und über Nacht stehen lassen. Da der Teig durch das Ruhen sehr fest wird, nochmals kurz durchkneten, danach mit einem Rundholz etwa 4 mm dick ausrollen und in drei rechteckige Platten (20 cm x 30 cm) schneiden.

Backblech mit Backpapier belegen, Rechtecke mithilfe des Rundholzes auf ein Backblech legen und mit einer Gabel gut stupfen. Lebkuchen im vorgeheizten Backrohr bei 200 °C etwa 15 Minuten backen. Lebkuchen auskühlen lassen, die Hälfte der Früchtemischung auf die erste Platte streichen, mit der zweiten Platte bedecken, darauf die zweite Hälfte der Früchtemischung streichen und mit der dritten Platte bedecken.

Marillenmarmelade leicht wärmen und damit die dritte Platte bestreichen. Reichlich mit gehackten Haselnüssen bestreuen. Lebkuchenplatten in etwa 2 cm x 3 cm große Würfel schneiden.

Tipp

Vergessen Sie nicht, den Lebkuchenteig mit einer Gabel zu stupfen, dadurch werden Luftblasen im Teig vermieden.

Tiroler Früchtebrot

Teig für die Hülle:
5 g Germ (Hefe)
100 ml warmes Wasser
180 g Weizenmehl
20 g Roggenmehl
4 g Salz

Brotteig:
70 g Roggenmehl für Sauerteig
70 ml warmes Wasser für Sauerteig
5 g Germ (Hefe)
60 ml warmes Wasser
100 g Weizenmehl
4 g Salz

Früchtemischung:
60 g Kletzen (getrocknete Birnen)
60 g getrocknete Zwetschken
60 g getrocknete Feigen
60 g getrocknete Äpfel
60 g Rosinen
50 g Walnüsse
50 ml Rum

Dekor:
50 g ganze Mandeln

Vorbereitungszeit:
30 Minuten (Vortag), 50 Minuten
Ruhezeit: insgesamt 60 Minuten „Gare"
Backzeit: 50 Minuten bei 200 °C

Vollkorn ✓

Für die Früchtemischung alle Früchte grob schneiden, mit Rum ansetzen und über Nacht stehen lassen. Den Sauerteig durch Vermengen von Roggenmehl mit lauwarmem Wasser ansetzen und ebenfalls über Nacht zugedeckt an einem warmen Ort stehen lassen.

Für den Brotteig Hefe in warmem Wasser auflösen und mit Sauerteig, Mehl und Salz verrühren und zu einem mittelfesten Teig kneten. Teig etwa 30 Minuten an einem warmen Ort zugedeckt ruhen lassen.
Für den Teig (für die Hülle) Hefe in warmem Wasser auflösen und mit Mehl und Salz vermengen und wieder zu einem mittelfesten Teig verkneten. Teig etwa 30 Minuten an einem warmen Ort zugedeckt ruhen lassen.

Die Früchtemischung in den Brotteig einarbeiten und zu einem Laib formen. Den Teig für die Hülle mit einem Rundholz etwa 1 cm dick rechteckig ausrollen und den Laib damit umhüllen. Das Früchtebrot mit der Naht nach unten (damit das Brot seine Form behält) auf ein mit Backpapier belegtes Backblech setzen und wiederum etwa 30 Minuten ruhen lassen. Anschließend das Früchtebrot mit Wasser bestreichen, mit ganzen Mandeln dekorieren und im Backrohr 50 Minuten bei 200 °C backen.

Tipp

Beim Backen einen Topf mit Wasser ins Backrohr stellen!

Lebkuchen für Kinder

Zutaten für 50 Stück

Teig:
400 g Vollkorndinkelmehl
1 Prise Zimt
1 Prise Nelkenpulver
1 Prise Kardamom
1 Prise Muskatnuss
350 g Honig
1 Ei
6 g Pottasche
50 ml Milch

Dekor:
100 g Puderzucker
30 ml Wasser
100 g ganze Mandeln
50 g Rosinen
50 g Orangeatstreifen

Vorbereitungszeit: 40 Minuten
Backzeit: 15 Minuten bei 180 °C
Zeit zum Fertigstellen: 30 Minuten

Vollkorn ✓ Backen mit Kindern ✓

Mehl und Gewürze mischen. Honig erwärmen, mit Ei und Mehlmischung zu einem Teig verkneten. Pottasche in Milch auflösen und während des Knetens langsam beigeben. Teig zugedeckt mindestens 24 Stunden ruhen lassen.

Da der Teig durch das Ruhen sehr fest wird, nochmals kurz durchkneten, danach mit Rundholz etwa 4 mm dick ausrollen und nach Belieben mit verschiedenen Formen diverse Weihnachtsmotive ausstechen.

Backblech mit Backpapier belegen, Lebkuchen gleichmäßig darauf verteilen und im vorgeheizten Backrohr bei 200 °C etwa 15 Minuten backen.

Puderzucker mit warmem Wasser anrühren und ausgekühlte Lebkuchen damit bestreichen. Sofort mit Mandeln, Rosinen und Orangeatstreifen verzieren und trocknen lassen.

Tipp

Natürlich können zum Verzieren auch Walnüsse oder Marzipan oder Streusel verwendet werden!

Torten, Kuchen & Schnitten

Nussecken

Zutaten für 60 Stück

Teigboden:
260 g Vollkorndinkelmehl
120 g Butter
60 g Honig
1 Ei
2 EL Marillenmarmelade

Teigfülle:
150 g Butter
150 g Honig
120 g gemahlene Haselnüsse
120 g gehackte Haselnüsse
80 g Vollkorndinkelmehl
Mark von 1 Vanilleschote
Abrieb von 1 Zitronenschale
1 EL Rum

Glasur:
100 g dunkle Kuvertüre

Vorbereitungszeit: 40 Minuten
Ruhezeit: 1 Stunde
Backzeit: 25 Minuten bei 180 °C
Zeit zum Fertigstellen: 15 Minuten
Vollkorn ✓

Das Mehl auf eine Arbeitsplatte geben. In die Mitte eine kleine Mulde drücken, Butter in kleine Stücke schneiden und in die Mulde legen, den Honig hinzufügen. Das Ei untermischen und alles rasch zu einem glatten Teig verkneten. Den Teig in Frischhaltefolie einrollen und 30 Minuten kühl ruhen lassen.

Den Teig rechteckig auf etwa 30 cm x 25 cm ausrollen, mithilfe des Rundholzes auf ein mit Backpapier belegtes Backblech legen und mit Marillenmarmelade bestreichen. Nochmals den Teig etwa 30 Minuten kühl ruhen lassen.

Für die Teigfülle Butter und Honig aufwärmen und Haselnüsse, Mehl, Vanille, Zitronenschale und Rum beigeben. Die Masse kurz aufkochen und danach abkühlen lassen und gleichmäßig auf den Teigboden verteilen. Masse im vorgewärmten Backrohr bei 180 °C 25 Minuten backen.

Die gebackene Masse auskühlen lassen und in etwa 5 cm x 5 cm große Quadrate schneiden, danach diagonal teilen, damit ein Dreieck entsteht. Dunkle Kuvertüre im heißen Wasserbad erwärmen und die Spitzen der Dreiecke eintauchen.

Weihnachts-Muffins

Zutaten für 12 Stück

Masse:
120 g Butter
150 g Honig
2 Eier
350 g Rahm
300 g Vollkorndinkelmehl
3 g Weinsteinpulver
1 Prise Zimt
1 Prise Nelkenpulver
1 Prise Kardamom
1 Prise Muskatnuss
Abrieb von 1 Orangenschale
30 g Orangeatwürfel

Dekor:
2 EL Orangenmarmelade
100 g Marzipanrohmasse

Vorbereitungszeit: 20 Minuten
Backzeit: 25 Minuten bei 180 °C
Zeit zum Fertigstellen: 20 Minuten

Vollkorn ✓ Backen mit Kindern ✓

Butter und Honig schaumig rühren, Eier und Rahm langsam dazugeben. Mehl, Backpulver, Gewürze, Orangenschale und Orangeat mischen und unter die Masse heben.

Masse in Muffinformen füllen und im vorgeheizten Backrohr bei 180 °C etwa 25 Minuten backen. Muffins etwa 5 Minuten auskühlen lassen.

Marzipanrohmasse auf einer mit Zucker bestreuten Arbeitsfläche etwa 3 mm dick ausrollen und mit Ausstechern Sterne ausstechen. Sterne mit etwas Marmelade auf Muffins kleben.

Apfel-Zimt-Muffins

Zutaten für 12 Stück

Masse:
120 ml Öl
150 g Honig
3 EL Apfelsaft
2 Eier
80 ml Joghurt
300 g geriebene Äpfel
220 g Vollkorndinkelmehl
150 g geriebene Walnüsse
3 g Weinsteinpulver
1 TL Zimt
Mark von 1 Vanilleschote
Abrieb von 1 Zitronenschale

Dekor:
50 g halbierte Walnüsse

Vorbereitungszeit: 30 Minuten
Backzeit: 25 Minuten bei 180 °C

Vollkorn ✓ Backen mit Kindern ✓

Öl, Honig und Apfelsaft schaumig rühren, Ei und Joghurt langsam dazugeben. Äpfel grob reiben und mit Mehl, Nüssen, Backpulver und Gewürzen mischen und unter die Masse heben.

Masse in Muffinformen füllen, mit halben Walnüssen verzieren und im vorgeheizten Backrohr bei 180 °C etwa 25 Minuten backen.

Schoko-Kletzen-Muffins

Zutaten für 12 Stück

Masse:
100 g Bitterschokolade
80 g Kletzen (getrocknete Birnen)
150 g Butter
120 g Honig
2 Eier
120 ml Joghurt
260 g Vollkorndinkelmehl
3 g Weinsteinpulver
Mark von 1 Vanilleschote
1 Prise Muskatnuss

Schokolade grob reiben und Kletzen klein würfelig schneiden. Butter und Honig schaumig rühren, Eier und Joghurt langsam dazugeben. Schokoladeraspeln, Kletzen, Mehl, Weinsteinpulver und Gewürze mischen und unter die Masse heben.

Masse in Muffinformen füllen und im vorgeheizten Backrohr bei 180 °C etwa 20 Minuten backen.

Vorbereitungszeit: 20 Minuten
Backzeit: 20 Minuten bei 180 °C

Vollkorn ✓ Backen mit Kindern ✓

Tipp

Kletzen können natürlich auch durch getrocknete Feigen oder Datteln ersetzt werden.

Kamut-Zwetschgen-Buchteln

Teig:
10 g Germ (Hefe)
125 ml Milch
2 Eidotter
40 g Honig
1 Prise Salz
250 g Vollkornkamutmehl
50 g Butter

Fülle:
Zwetschgenmarmelade

Vorbereitungszeit: 40 Minuten
Ruhezeit: 40 Minuten
Backzeit: 30 Minuten bei 180 °C
Vollkorn

✓

Germ in Milch auflösen und mit Eidotter, Honig und Salz gut verrühren. Mehl beigeben und kurz durchkneten. Butter klein schneiden, beimengen und alles zu einem glatten Teig kneten. Diesen zugedeckt etwa 20 Minuten ruhen lassen.

Den Teig auf eine bemehlte Arbeitsplatte geben und zu einer Rolle mit etwa 3 cm Durchmesser formen. Mit der Teigkarte etwa 3 cm große Stücke abstechen. Mit der Handfläche das Teigstück etwas flach drücken und einen Teelöffel Zwetschgenmarmelade in die Mitte geben. Buchteln so fest zusammenschlagen, dass keine Marmelade auslaufen kann.

Buchteln mit flüssiger Butter einstreichen, in eine gefettete Backform setzen und nochmals etwa 20 Minuten (zugedeckt) an einem warmen Ort ruhen lassen. Im vorgeheizten Backrohr bei 180 °C etwa 30 Minuten backen.

Tipp

Schokoladetiger können statt Zwetschgenmarmelade auch Schokoladewürfel verwenden!

Dinkel-Nuss-Gugelhupf

Masse:
150 g Butter
100 g Honig
4 Eier
150 g Vollkorndinkelmehl
50 g geriebene Walnüsse
50 g gehackte Walnüsse
5 g Weinsteinpulver
Mark von 1 Vanilleschote
Abrieb von 1 Zitronenschale

Dekor:
5 EL Marillenmarmelade
30 g dunkle Kuvertüre
30 g gehobelte Mandeln

Butter und Honig schaumig rühren. Unter ständigem Rühren Eier langsam zugeben. Mehl mit Nüssen, Weinsteinpulver, Vanille und Zitronenschale vermischen und unter die Masse heben. Masse in eine gefettete Gugelhupfform füllen und im vorgeheizten Backrohr bei 180 °C etwa 50 Minuten backen.

Gugelhupf am oberen Rand mit warmer Marillenmarmelade bestreichen. Dunkle Kuvertüre im heißen Wasserbad schmelzen und großzügig darauf verteilen. Die Kuvertüre soll dabei den Gugelhupf nicht vollständig überziehen, sondern in vereinzelten Bahnen herunterlaufen. Gehobelte Mandeln am oberen Gugelhupfrand verteilen.

Vorbereitungszeit: 20 Minuten
Backzeit: 50 Minuten bei 180 °C
Zeit zum Fertigstellen: 20 Minuten

Vollkorn ✓

Tipp

Nach dem Backen den Gugelhupf umdrehen und etwa 10 Minuten auskühlen lassen. Danach mit einem kräftigen Ruck aus der Form stürzen.

Eierlikör-Gugelhupf

Masse:
4 Eier
180 g Honig
100 ml Pflanzenöl
100 ml Eierlikör
250 g Vollkornkamutmehl
Mark von 1 Vanilleschote
3 g Weinsteinbackpulver

Dekor:
3 EL Eierlikör
50 g gehackte Haselnüsse

Vorbereitungszeit: 20 Minuten
Backzeit: 50 Minuten bei 180 °C
Zeit zum Fertigstellen: 15 Minuten

Vollkorn ✓

Eier und Honig schaumig rühren. Unter ständigem Rühren zuerst Öl sehr langsam einfließen lassen, danach den Eierlikör. Mehl mit Vanille und Weinsteinbackpulver vermischen und unter die Eiermasse heben. Masse in eine gefettete und bemehlte Gugelhupfform füllen und im vorgeheizten Backrohr bei 180 °C etwa 50 Minuten backen.

Nach dem Backen den Gugelhupf etwa 10 Minuten auskühlen lassen, danach aus der Form stürzen. Gugelhupf mit Eierlikör bestreichen und mit gehackten Haselnüssen bestreuen.

Tipp

Eierlikör kann durch Mangosirup ersetzt werden, damit auch die Kinder zugreifen können.

Schokoladen-Gugelhupf

Masse:
5 Eier
140 g Honig
100 g Butter
100 g Schokolade
100 g Vollkorndinkelmehl
Mark von 1 Vanilleschote

Dekor:
3 EL Marillenmarmelade
150 g dunkle Kuvertüre
200 g Zucker
125 ml Wasser

Vorbereitungszeit: 20 Minuten
Backzeit: 50 Minuten bei 180 °C
Zeit zum Fertigstellen: 20 Minuten

Vollkorn ✓

Eier trennen. Eiweiß mit der Hälfte des Honigs zu Schnee schlagen. Butter mit restlichem Honig schaumig rühren. Schokolade erwärmen und gemeinsam mit den Eidottern unter ständigem Rühren in die Butter-Honig-Masse einfließen lassen.

Mehl mit Vanille vermischen und gemeinsam mit dem Eischnee vorsichtig unter die Masse heben. Die Masse in eine gefettete und bemehlte Gugelhupfform füllen und im vorgeheizten Backrohr bei 180 °C etwa 50 Minuten backen.

Nach dem Backen den Gugelhupf etwa 10 Minuten auskühlen lassen, danach aus der Form stürzen. Gugelhupf mit Marillenmarmelade bestreichen.

Zucker und Wasser aufkochen und leicht abkühlen lassen. Kuvertüre darin unter ständigem Rühren schmelzen und so lange abkühlen lassen, bis eine dickflüssige Glasur entsteht. Gugelhupf rasch damit überziehen.

Info

Diese Art der Schokoladenglasur verwendet man auch für Sachertorten und wird deshalb „Sacherglasur" genannt.

Maroni-Roulade

Masse:
4 Eier
80 g Honig
50 g Vollkorndinkelmehl
Mark von 1 Vanilleschote
25 g geriebene Mandeln
25 g geriebene Haselnüsse

Fülle:
60 g Butter
30 g Honig
2 EL Rum
250 g pürierte Maroni

Dekor:
50 g pürierte Maroni
100 g Kakao

Vorbereitungszeit: 30 Minuten
Backzeit: 15 Minuten bei 180 °C
Zeit zum Fertigstellen: 30 Minuten
Vollkorn ✓

Eier in Eidotter und Eiweiß trennen. Eiweiß mit etwa der Hälfte des Honigs zu Schnee schlagen. Dotter und restlichen Honig schaumig schlagen.

Mehl mit Vanille, Mandeln und Nüssen vermischen und gemeinsam mit dem Schnee nach und nach vorsichtig unter die Dotter-Honig-Masse heben. Backblech mit Backpapier belegen, Masse mit einer Teigkarte daraufstreichen und im vorgeheizten Backrohr bei 180 °C etwa 15 Minuten backen.

Für die Creme Butter, Honig und Rum schaumig rühren. Zuletzt die pürierten Maroni einbröseln und glatt rühren.

Nach dem Backen die Biskuitplatte auf ein feuchtes Tuch umdrehen und das Backpapier langsam ablösen. Creme gleichmäßig mit einer Teigkarte auf den Biskuitboden aufstreichen und einrollen.

Zum Verzieren pürierte Maroni durch eine Kartoffelpresse drücken, die Roulade damit bestreuen und zuletzt noch zart mit Kakaopulver besieben.

Tipp

Beim Dekorieren eventuell etwas Marmelade verwenden, damit die Maronistreifen besser auf der Roulade haften bleiben!

Stern-Karotten-Torte

Masse:
400 g Karotten
Mark von 1 Vanilleschote
Abrieb von 1 Zitronenschale
1 Prise Zimt
6 ml Milch
6 Eier
150 g Honig
180 g Butter
200 g Vollkorndinkelmehl
130 g geriebene, geröstete Haselnüsse

Creme:
100 ml Milch
15 g Zucker
12 g Maisstärke
1 Eidotter
30 g Puderzucker
250 g Butter

Dekor:
260 g Marzipanrohmasse

Vorbereitungszeit: 40 Minuten
Backzeit: 60 Minuten bei 160 °C
Zeit zum Fertigstellen: 30 Minuten

Vollkorn ✓

Karotten putzen, fein reiben, mit Vanille, Zimt und Zitronenschale vermischen und in einer Schüssel mit Milch begießen. Eier in Dotter und Eiweiß trennen und Eiweiß mit der Hälfte des Honigs zu Schnee schlagen. Butter und restlichen Honig schaumig rühren, Eidotter langsam einarbeiten. Mehl mit Haselnüssen vermischen und gemeinsam mit dem Eischnee unter die Dottermasse heben. Masse in eine gefettete Sterntortenform füllen und im vorgeheizten Backrohr bei 160 °C etwa 60 Minuten backen.

Für die Creme Milch mit Zucker, Stärke und Eidotter glatt rühren und unter ständigem Rühren aufkochen. Masse auskühlen lassen und mit dem Schneebesen kurz aufschlagen. Puderzucker mit Butter aufrühren und so lange in die Creme einarbeiten, bis die Creme flaumig ist.

Ausgekühlte Torte mit Creme dünn bestreichen. Marzipanrohmasse auf einer mit Puderzucker bestreuten Arbeitsfläche 3 mm dick ausrollen und die Torte damit eindecken. Restliches Marzipan zum Ausstechen von kleinen Sternen verwenden und die Tortenoberfläche damit verzieren.

Tipp

Natürlich kann jede beliebige Tortenform gewählt werden!

Zimt-Torte

Masse:
8 Eier
140 g Honig
Abrieb von 1 Zitronenschale
200 g Vollkorndinkelmehl
1 TL Zimt

Creme:
500 ml Schlagobers (Sahne)
200 g Bitterschokolade
60 ml Espresso
4 cl Weinbrand
250 g Marillenmarmelade

Dekor:
400 g dunkle Kuvertüre
1 Prise Zimt
1 Packung Waffelblättchen

Vorbereitungszeit: 40 Minuten
Backzeit: 50 Minuten bei 180 °C
Zeit zum Fertigstellen: 50 Minuten
Vollkorn ✓

Eier in Dotter und Eiweiß trennen. Eiweiß mit der Hälfte des Honigs zu Schnee schlagen. Eidotter mit restlichem Honig und Zitronenschale schaumig rühren.

Das Mehl mit dem Zimt vermischen und gemeinsam mit dem Eischnee langsam unter die Dottermasse heben. Masse in eine gefettete Tortenform füllen und im vorgeheizten Backrohr bei 180 °C etwa 50 Minuten backen.

Für die Creme die Hälfte des Schlagobers zum Kochen bringen und die Schokolade unter Rühren darin auflösen und auskühlen lassen. Restliches Schlagobers steif schlagen und langsam in die ausgekühlte Masse unterheben. Die Hälfte des Espressos und Weinbrandes in die Creme rühren.

Ausgekühlte Torte in drei Tortenschichten teilen. Tortenböden mit dem restlichen Espresso und Weinbrand tränken. Dann die Böden zuerst ganz fein mit Marillenmarmelade und danach etwa fingerdick mit Creme bestreichen und aufeinandersetzen.

Dunkle Kuvertüre im heißen Wasserbad schmelzen, danach 1 Prise Zimt einrühren und Torte damit überziehen. Aus den Waffelblättchen Sterne stechen und ebenfalls in die geschmolzene Zimt-Kuvertüre tunken und die Tortenoberfläche damit verzieren.

Tipp

Zum Dekorieren der Torte können auch gekaufte Schokosterne verwendet werden.

Mohn-Walnuss-Potize

Teig:
40 g Germ (Hefe)
100 ml Wasser
2 Eier
60 g Honig
1 Prise Salz
300 g Vollkorndinkelmehl
Mark von 1 Vanilleschote
Abrieb von 1 Zitronenschale
30 g Butter

Nussfülle:
120 g geriebene Walnüsse
30 g Vollkorndinkelbrösel
50 g Honig
1 Prise Zimt
2 EL Rum
50 ml Milch

Mohnfülle:
120 g geriebener Mohn
30 g Vollkorndinkelbrösel
50 g Honig
2 EL Rum
3 EL Zwetschgenmarmelade
50 ml Milch

Dekor:
1 Ei zum Bestreichen
50 g gehobelte Mandeln

Germ in Wasser auflösen und mit Eiern, Honig und Salz gut verrühren. Mehl, Vanille, Zitrone beigeben und kurz durchkneten. Butter klein schneiden, beimengen und alles zu einem glatten Teig kneten. Diesen zugedeckt etwa 20 Minuten ruhen lassen.
Für die Nussfülle zuerst geriebene Walnüsse mit Bröseln vermengen und dann mit Honig, Rum, Zimt und Milch verrühren.

Für die Mohnfülle zuerst geriebenen Mohn mit Bröseln vermengen und dann mit Honig, Rum, Zwetschgenmarmelade und Milch verrühren.

Den Teig auf eine bemehlte Arbeitsplatte geben und mit einem Rundholz etwa 5 mm dick rechteckig ausrollen. Teig zur Hälfte mit Nussfülle, andere Hälfte mit Mohnfülle belegen. Teig jeweils vom Rand zur Mitte einrollen und vorsichtig in eine rechteckige, befettete Backform heben. Die offene Seite der Rollen sollte oben liegen. Potize mit verrührtem Ei bestreichen und mit gehobelten Mandeln bestreuen. Potize nochmals etwa 20 Minuten zugedeckt an einem warmen Ort ruhen lassen und danach im vorgeheizten Backrohr bei 180 °C etwa 30 Minuten backen.

Vorbereitungszeit: 40 Minuten
Ruhezeit: insgesamt 40 Minuten
Backzeit: 30 Minuten bei 180 °C
Vollkorn ✓

Tipp
Füllungen nicht zu weich mischen, sonst werden die Potize hohl – eventuell mehr Brösel hinzufügen.

Kamut-Orangen-Kuchen

Zutaten für 1 Stück

Teig:
2 Eier
125 g Honig
100 g Butter
1 cl Orangenlikör
75 g Vollkornkamutmehl
25 g geriebene Mandeln

Dekor:
Saft von 2 Orangen
2 EL Orangeatstreifen

Vorbereitungszeit: 30 Minuten
Backzeit: 40 Minuten bei 180 °C
Zeit zum Fertigstellen: 20 Minuten

Vollkorn ✓

Die Eier in Dotter und Eiweiß trennen. Das Eiweiß mit der Hälfte des Honigs zu Schnee schlagen. Butter mit restlichem Honig und Likör schaumig schlagen. Eidotter langsam unter ständigem Schlagen beifügen. Das Mehl mit den Mandeln vermischen und gemeinsam mit dem Eischnee vorsichtig unter die Dottermasse heben.

Masse in eine etwa 20 cm lange Backform füllen und im vorgeheizten Backrohr bei 180 °C etwa 40 Minuten backen.

Orangensaft mit 2 EL Honig aufkochen und den noch warmen Kuchen damit bestreichen und mit Orangeatstreifen verzieren.

Tipp

Statt Likör kann auch Orangensaft verwendet werden.

Pistazienstreifen

Zutaten für 80 Stück

Teigboden:
300 g Vollkorndinkelmehl
75 g gemahlene Mandeln
200 g Butter
60 g Honig

Pistazienschicht:
60 g gemahlene Pistazienkerne
75 g Vollkorndinkelmehl
50 g Honig
40 g Maisgrieß
1 Eidotter
Abrieb von 1 Orangenschale
65 g Butter

Dekor:
80 g weiße Schokolade

Vorbereitungszeit: 40 Minuten
Ruhezeit: 2 Stunden
Backzeit: 15 Minuten bei 180 °C
Zeit zum Fertigstellen: 15 Minuten

Vollkorn ✓

Das Mehl mit den gemahlenen Mandeln vermischen und auf eine Arbeitsplatte geben. In die Mitte eine kleine Mulde drücken, Butter in kleine Stücke schneiden und in die Mulde legen, den Honig hinzufügen und alles rasch zu einem glatten Teig verkneten. Den Teig in Frischhaltefolie einrollen und mindestens 2 Stunden kühl ruhen lassen.

Butter leicht erwärmen. Gemahlene Pistazienkerne, Mehl, Honig, Maisgrieß, Eidotter, Orangenschale verrühren und flüssige Butter unterrühren.

Teig etwa 4 mm dick ausrollen und den Teigboden auf ein mit Backpapier belegtes Backblech legen. Pistazienschicht darauf verteilen. Im vorgeheizten Backrohr bei 180 °C etwa 15 Minuten backen.

Die ausgekühlten Schnitten in etwa 2 cm x 5 cm große Streifen schneiden. Weiße Schokolade im heißen Wasserbad schmelzen und die Streifen mit Schokoladespritzern verzieren.

Feliz Navidad

Gerbeaud-Schnittchen

Zutaten für 50 Stück

Teig:
500 g Vollkorndinkelmehl
10 g Germ (Hefe)
100 ml Milch
50 g Honig
250 g Butter
2 Eidotter

Nussmasse:
400 g Marillenmarmelade
2 EL Rum
300 g gemahlene Nüsse

Dekor:
250 g dunkle Kuvertüre

Vorbereitungszeit: 30 Minuten
Ruhezeit: 50 Minuten
Backzeit: 25 Minuten bei 180 °C
Zeit zum Fertigstellen: 20 Minuten

Vollkorn ✓

Mehl auf ein Küchenbrett verteilen und in die Mitte eine Mulde machen. Hefe in lauwarmer Milch auflösen und mit dem Honig in die Mulde geben und vermengen. Butter und Eidotter dazugeben und rasch zu einem Teig kneten. Diesen in 3 große Stücke teilen und im Kühlschrank etwa 20 Minuten rasten lassen.

Die Marillenmarmelade mit Rum glatt rühren und Nüsse beimengen.

Das erste Teigstück dünn ausrollen und mit der Nussmasse dick bestreichen. Das zweite Teigstück dünn ausrollen, darauflegen und wieder mit der Nussmasse dick bestreichen. Das dritte Teigstück dünn ausrollen und damit die Schnitten zudecken. Den Kuchen an einem warmen Ort 30 Minuten ruhen lassen. Danach den Kuchen im vorgewärmten Backrohr 25 Minuten bei 180 °C backen.

Schnitten auskühlen lassen, dunkle Kuvertüre im heißen Wasserbad schmelzen und Oberfläche damit überziehen. Die Schnitten in etwa 4 cm x 2 cm große Stücke schneiden.

Info

Der Name der Schnitten geht auf den berühmten Konditor Emil Gerbeaud vom gleichnamigen Café in Budapest zurück.

Kamut-Halbmonde

Zutaten für 50 Stück

Masse:
5 Eier
240 g Honig
300 g Butter
300 g Vollkornkamutmehl
Mark von 1 Vanilleschote

Dekor:
Johannisbeermarmelade
100 g Puderzucker
2 EL Wasser
Saft von 1/2 Zitrone

Vorbereitungszeit: 30 Minuten
Backzeit: 25 Minuten bei 180 °C
Zeit zum Fertigstellen: 40 Minuten

Vollkorn ✓

Eier in Dotter und Eiweiß trennen. Eiweiß zu Schnee schlagen, dabei langsam die Hälfte des Honigs einrühren und fertig schlagen. Butter mit restlichem Honig schaumig schlagen. Eidotter langsam unter ständigem Schlagen beifügen. Mehl mit Vanille vermischen und gemeinsam mit dem Eischnee nach und nach vorsichtig unter die Dottermasse heben.

Backblech mit Backpapier belegen, Masse mit Teigkarte daraufstreichen und im vorgeheizten Backrohr bei 180 °C etwa 25 Minuten backen.

Nach dem Backen die Masse mit Johannisbeermarmelade bestreichen. Puderzucker mit Wasser und Zitronensaft anrühren und gleichmäßig darüber verteilen. Nach dem Trocknen der Glasur mit einem runden Ausstecher Halbmonde formen.

Eisenbahner

Zutaten für 60 Stück

Mürbteig:
450 g Dinkelmehl
Mark von 1 Vanilleschote
300 g Butter
150 g Puderzucker
1 Ei

Makronenmasse:
200 g Marzipanrohmasse
40 g Honig
30 g Puderzucker
20 g Butter
1 Eiweiß

Dekor:
300 g Marillenmarmelade

Vorbereitungszeit: 60 Minuten
Ruhezeit: über Nacht
Backzeit: 15 Minuten
Zeit zum Fertigstellen: 30 Minuten

Für den Mürbteig Mehl und Vanille vermischen, auf eine Arbeitsplatte geben und in die Mitte eine kleine Mulde drücken. Butter in kleine Stücke schneiden und in die Mulde legen, den Zucker hinzufügen. Das Ei untermischen und alles rasch zu einem glatten Teig verkneten. Den Mürbteig in Frischhaltefolie einrollen und 2 Stunden kühl ruhen lassen.

Den Teig auf eine bemehlte Arbeitsplatte geben und rechteckig mit einem Rundholz etwa 4 mm dick ausrollen. Backblech mit Backpapier belegen und die Teigfläche mittels Aufrollen auf das Rundholz auf das Backblech legen. Den Mürbteig im vorgeheizten Backrohr bei 180 °C etwa 10 Minuten hellgelb backen. Den noch heißen Mürbteig in etwa 5 cm breite Streifen schneiden und auskühlen lassen. Die Hälfte der Teigstreifen mit Marillenmarmelade (oder Johannisbeer- oder Himbeermarmelade) bestreichen und mit der anderen Hälfte zusammensetzen.

Für die Makronenmasse Marzipan, Honig, Zucker, Butter und Eiweiß zu einer geschmeidigen Masse verrühren. Mithilfe eines Spritzbeutels (mit Sterntülle) jeweils links und rechts an den langen Seiten der Mürbteigstreifen einen Streifen dressieren und über Nacht trocknen lassen.

Danach die Streifen bei 250 °C (Oberhitze) etwa 5 Minuten überbacken. Den freien Platz zwischen der Makronenmasse mittels Spritzbeutel mit Marmelade füllen und eine Stunde ruhen lassen. Die Streifen in etwa 2 cm breite Schnitten schneiden.

Tipp

Für die Makronenmasse ist die Ruhezeit notwendig, damit sich der Zucker besser löst.

International

Aachener Printen

Zutaten für 50 Stück

Teig:
250 g Vollkorndinkelmehl
1 Prise Zimt
1 Prise Nelkenpulver
1 Prise Kardamom
1 Prise Koriander
50 g Orangeat
250 g Honig
10 g Pottasche
1 EL Wasser
1 Eidotter

Vorbereitungszeit: 40 Minuten
Ruhezeit: 24 Stunden
Backzeit: 15 Minuten bei 200 °C

Vollkorn✓

Mehl, Gewürze und Orangeat vermischen. Honig erwärmen und alle Zutaten zu einem Teig verkneten. Pottasche in Wasser auflösen und während des Knetens langsam beigeben. Teig zugedeckt mindestens 24 Stunden ruhen lassen.

Da der Teig durch das Ruhen sehr fest wird, nochmals kurz durchkneten, danach mit einem Rundholz etwa $1/2$ cm dick ausrollen, in 3 cm x 6 cm große Rechtecke schneiden und mit verrührtem Eidotter bestreichen.

Backblech mit Backpapier belegen, Rechtecke gleichmäßig darauf verteilen und im vorgeheizten Backrohr bei 200 °C etwa 15 Minuten backen.

Tipp

Der Teig sollte mindestens 24 Stunden zugedeckt bei Zimmertemperatur ruhen, damit sich das Aroma der Gewürze voll entfalten kann.

Amaretti

Zutaten für 40 Stück

Teig:
3 Eiweiß
300 g Puderzucker
300 g geriebene, geschälte Mandeln
6 Tropfen Bittermandelöl

Dekor:
100 g Puderzucker

Vorbereitungszeit: 20 Minuten
Backzeit: 25 Minuten bei 160 °C
Zeit zum Fertigstellen: 10 Minuten
glutenfrei ✓

Eiweiß zu Schnee schlagen, dabei 100 g Puderzucker langsam einrieseln lassen. Mandeln mit restlichem Zucker und Bittermandelöl vermischen und vorsichtig unter den Schnee heben.

Das Backblech mit Backpapier belegen, aus dem Teig eine etwa 2 cm dicke Rolle formen und in ca. 2 cm lange Stücke schneiden. Zwischen den Handflächen vorsichtig zu Kugeln formen und auf dem Backblech über Nacht an einem warmen Ort trocknen lassen.

Am nächsten Tag im vorgeheizten Backrohr bei 160 °C etwa 25 Minuten backen. Die noch warmen Amaretti mit Puderzucker bestreuen.

Betyár-Schnitten

Für 50 Stück

Zutaten:
200 g Zucker
6 Eidotter
200 g Butter
250 g geröstete, gehackte Haselnüsse
2 große Waffelblätter

Dekor:
200 g Dunkle Kuvertüre
50 g gehackte Haselnüsse

Vorbereitungszeit: 40 Minuten
Ruhezeit: über Nacht
Zeit zum Fertigstellen: 15 Minuten

In einer Pfanne 100 g Zucker unter Rühren schmelzen und bräunen. Dotter mit dem restlichen Zucker schaumig rühren und im heißen Wasserbad dickcremig aufschlagen. Butter in kleine Stücke schneiden und gemeinsam mit dem gebräunten, noch warmen Zucker schnell in die Masse einarbeiten. Die Nüsse untermischen und die Masse etwas auskühlen lassen.

Ein Waffelblatt auslegen und die noch warme Masse daraufstreichen, mit dem zweiten Waffelblatt zudecken und beschwert über Nacht kalt stellen.

Dunkle Kuvertüre im heißen Wasserbad schmelzen, die Oberfläche der Schnitten damit bestreichen und mit gehackten Haselnüssen dekorieren. Schnitten in etwa 3 cm x 2 cm große Stücke schneiden.

Tipp

Für das Schneiden der fertigen Schnitten empfiehlt es sich, das Messer zuvor in kaltes Wasser zu tauchen. So bekommt man einen sauberen Anschnitt.

Basler Leckerli

Zutaten für 40 Stück

Teig:
150 g Honig
100 g Zucker
2 Prisen Zimt
1 Prise Muskatnuss
1 Prise Nelkenpulver
75 g gehobelte Mandeln
Abrieb von 1/2 Zitronenschale
40 g Orangeat
40 g Zitronat
200 g Dinkelmehl

Dekor:
50 g Puderzucker
1 EL Wasser

Vorbereitungszeit: 30 Minuten
Backzeit: 15 Minuten bei 180 °C
Zeit zum Fertigstellen: 15 Minuten

Honig erwärmen, Zucker darin auflösen. Gewürze, Mandeln, Zitronenschale, Orangeat und Zitronat unterrühren, danach Mehl unterkneten.

Backblech mit Backpapier belegen, Teig mit Rundholz auf Backblech etwa 1 cm dick ausrollen und im vorgeheizten Backrohr bei 180 °C etwa 15 Minuten backen.

Puderzucker mit Wasser abrühren und den Kuchen damit bestreichen. Glasur leicht antrocknen lassen und danach in etwa 3 cm x 2 cm große Stücke schneiden.

Panettone

Zutaten für 2 Stück

Dampfl (Vorteig):
100 g Vollkorndinkelmehl
100 ml Milch
50 g Germ (Hefe)

Teig:
200 g Butter
4 Eier
150 g Honig
1 Prise Salz
100 ml Milch
600 g Vollkorndinkelmehl
150 g Rosinen
100 g Zitronat
100 g Orangeat
Abrieb von 1 Zitronenschale
1 Prise Muskat

Vorbereitungszeit: 30 Minuten
Ruhezeit: 80 Minuten
Backzeit: 60 Minuten bei 180 °C

Vollkorn ✓

Für das Dampfl Mehl, warme Milch und Germ in einer Schüssel durchmischen und an einem warmen Ort etwa 30 Minuten ruhen lassen.

Nach der Teigruhe Butter, Eier, Honig, Salz und restliche Milch und Mehl beigeben und gut kneten. Teig wieder etwa 30 Minuten an einem warmen Ort rasten lassen.

Rosinen, Zitronat, Orangeat, Zitronenschale und Muskat vorsichtig unterkneten. Zwei runde Formen von etwa 15 cm Durchmesser gut mit Butter einfetten und mit jeweils der Hälfte des Teiges füllen.

Teig oben kreuzförmig mit einem Messer einschneiden und nochmals etwa 20 Minuten an einem warmen Ort ruhen lassen. Panettone im vorgewärmten Ofen bei 180 °C etwa 60 Minuten backen. Danach Panettone sofort aus der Form stürzen und auskühlen lassen.

Tipp

Als Backform für Panettone eignet sich bestens ein altes hohes Küchenreindl!

Mákos Rúd (Mohnstangerl)

Zutaten für 50 Stück

Teig:
250 g Butter
70 g Puderzucker
Abrieb von 1/2 Zitronenschale
Mark von 1 Vanilleschote
1 Ei
250 g Dinkelmehl
120 g gemahlener Mohn
150 g Zwetschgenmarmelade

Dekor:
50 g Puderzucker
Mark von 1 Vanilleschote

Vorbereitungszeit: 20 Minuten
Backzeit: 15 Minuten bei 180 °C
Zeit zum Fertigstellen: 10 Minuten
Vollkorn ✓

Butter mit Zucker, Zitronenschale und Vanille schaumig rühren, das Ei vorsichtig beigeben und weiterrühren. Mehl mit gemahlenem Mohn vermischen und zuletzt langsam unterheben.

Mit einer Sterntülle 5 cm lange Stangerl auf ein mit Backpapier belegtes Backblech dressieren und im Backrohr bei 180 °C etwa 15 Minuten backen.

Nach dem Backen je 2 Stück mit Zwetschgenmarmelade zusammenkleben. Puderzucker und Vanille vermischen und die Stangerl damit bestreuen.

Mandel-Florentiner

Zutaten für 30 Stück

Teig:
30 g Butter
100 g Zucker
40 g Honig
50 g Schlagobers (Sahne)
100 g Mandelblättchen
50 g Mandelstifte
Mark von 1 Vanilleschote
50 g Orangeat

Dekor:
200 g dunkle Kuvertüre

Vorbereitungszeit: 30 Minuten
Backzeit: 20 Minuten bei 180 °C
Zeit zum Fertigstellen: 20 Minuten
glutenfrei ✓

Butter in einem Topf zerlassen, Zucker, Honig und Schlagobers beifügen und kurz köcheln. Mandeln, Vanille und Orangeat beimischen und so lange rösten, bis sich die Zutaten gut binden.

Mit zwei feuchten Teelöffeln kleine Häufchen auf ein mit Backpapier belegtes Backblech gleichmäßig verteilen und mit einer Gabel flach drücken. Florentiner im vorgeheizten Backrohr bei 180 °C etwa 20 Minuten backen.

Dunkle Kuvertüre im heißen Wasserbad schmelzen und die Unterseite der ausgekühlten Florentiner mehrmals damit bestreichen.

Tipp

Masse nicht zu dünn mischen, da die Florentiner sonst beim Backen zu stark auseinanderlaufen. Einfacher geht es, wenn Sie die Masse in Muffinformen oder in runden Backformen backen.

Pressburger Nussbeugel

Zutaten für 15 Stück

Teig:
15 g Hefe (Germ)
$^{1}/_{16}$ l Milch
1 Eidotter
20 g Zucker
1 Prise Salz
250 g Dinkelmehl
100 g Butter

Fülle:
250 g geriebene Walnüsse
60 g Dinkelbrösel
120 g Zucker
3 EL Rum
$^{1}/_{10}$ l Milch
1 Ei zum Bestreichen

Vorbereitungszeit: 40 Minuten
Ruhezeit: 60 Minuten
Backzeit: 20 Minuten bei 180 °C

Hefe in Milch auflösen und mit Eidotter, Zucker und Salz gut verrühren. Mehl beigeben und kurz durchkneten. Butter klein schneiden, beimengen und alles zu einem glatten Teig kneten. Diesen zugedeckt etwa 30 Minuten ruhen lassen.

Für die Fülle zuerst geriebene Walnüsse mit Bröseln vermengen, danach mit Zucker, Rum und Milch verrühren.

Den Teig auf eine bemehlte Arbeitsplatte geben und mit einem Rundholz etwa 5 mm dick rechteckig ausrollen. Daraus 7 cm x 10 cm große Rechtecke schneiden. Rechtecke mit Nussfülle belegen und zu Kipferln einrollen. Backblech mit Backpapier belegen und Nussbeugel in gleichmäßigen Abständen daraufsetzen. Etwa 15 Minuten ruhen lassen.

Danach Beugel mit verrührtem Ei bestreichen, kühl stellen und etwa 15 Minuten abtrocknen lassen. Beugel im vorgeheizten Backrohr bei 180 °C etwa 20 Minuten backen.

Tipp

Werden die Beugel ofenheiß mit einem Tuch poliert, bekommen sie einen schönen Glanz!

Cantuccini

Zutaten für 40 Stück

Teig:
250 g Vollkorndinkelmehl
Mark von 1 Vanilleschote
25 g Butter
10 Tropfen Bittermandelöl
100 g Honig
2 Eier
100 g ganze Mandeln
75 g Mandelstifte

Vorbereitungszeit: 30 Minuten
Ruhezeit: 2 Stunden
Backzeit: insgesamt 40 Minuten bei 200 °C

Vollkorn ✓

Mehl und Vanille vermischen, auf eine Arbeitsplatte geben und in die Mitte eine kleine Mulde drücken. Butter in kleine Stücke schneiden und mit dem Bittermandelöl in die Mulde geben, den Honig hinzufügen. Eier und Mandeln untermischen und alles rasch zu einem glatten Teig verkneten. Den Teig in Frischhaltefolie einrollen und mindestens 2 Stunden kühl ruhen lassen.

Den Teig auf eine bemehlte Arbeitsplatte geben und vier Rollen formen. Backblech mit Backpapier belegen und Rollen in gleichmäßigen Abständen daraufsetzen, etwas flach drücken und im vorgeheizten Backrohr bei 200 °C etwa 20 Minuten backen. Rollen auskühlen lassen und danach schräg in 1 cm dicke Scheiben schneiden. Diese mit der Schnittfläche auf das Backblech legen und noch einmal 20 Minuten bei 200 °C goldgelb rösten.

Tipp

Zum Schneiden der Cantuccini verwendet man am besten ein scharfes glattes Küchenmesser!

Kurabi-Taler

Zutaten für 50 Stück

Teig:
5 g Pottasche
Saft von 1 Zitrone
50 g Bitterschokolade
250 g Dinkelmehl
Abrieb von 1 Zitronenschale
1 Prise Zimt
1 Prise Nelkenpulver
120 g Butter
120 g Zucker
1 Eidotter

Dekor:
50 g Puderzucker

Vorbereitungszeit: 30 Minuten
Ruhezeit: 2 Stunden
Backzeit: 15 Minuten bei 180 °C
Zeit zum Fertigstellen: 10 Minuten

Backen mit Kindern ✓

Pottasche mit Zitronensaft beträufeln. Schokolade über heißem Wasserbad schmelzen. Das Mehl mit Zitronenschale, Zimt und Nelkenpulver vermischen und auf eine Arbeitsplatte geben.

In die Mitte eine kleine Mulde drücken, Butter in kleine Stücke schneiden, in die Mulde legen und den Zucker hinzufügen. Schokolade schmelzen und mit Eidotter und Pottasche unter den Teig mischen. Alles rasch zu einem glatten Teig verkneten. Teig in Frischhaltefolie einrollen und mindestens 2 Stunden kühl ruhen lassen.

Den Teig auf eine bemehlte Arbeitsplatte geben und mit einem Rundholz etwa 4 mm dick ausrollen. Aus dem Teig Taler ausstechen. Backblech mit Backpapier belegen, die Taler in gleichmäßigen Abständen darauf verteilen und im vorgeheizten Backrohr bei 180 °C etwa 15 Minuten backen. Die noch warmen Taler in Puderzucker wälzen.

Shortbread

Zutaten für 70 Stück

Teig:
300 g Vollkorndinkelmehl
Mark von 1 Vanilleschote
200 g Butter
80 g Honig

Fülle:
100 g Marzipanrohmasse
1 abgeriebene Orangenschale
3 EL geraspelte Schokolade

Dekor:
50 g Kuvertüre

Vorbereitungszeit: 40 Minuten
Ruhezeit: 2 Stunden
Backzeit: 15 Minuten bei 180 °C
Zeit zum Fertigstellen: 10 Minuten

Vollkorn ✓

Mehl und Vanille vermischen, auf eine Arbeitsplatte geben und in die Mitte eine kleine Mulde drücken. Butter in kleine Stücke schneiden und in die Mulde legen, den Honig hinzufügen, alles rasch zu einem glatten Teig verkneten. Den Mürbteig in Frischhaltefolie einrollen und mindestens 2 Stunden kühl ruhen lassen.

Den Teig auf eine bemehlte Arbeitsplatte geben und etwa 25 cm lange Rollen formen. Mit dem Kochlöffelstiel mittig längs eine Mulde hineindrücken.

Marzipan mit Orangenschalen und geraspelter Schokolade verkneten und ebenfalls zwei ca. 25 cm lange Rollen formen. Jeweils eine Marzipanrolle in die Teigmulden legen, einrollen und eckig formen. Davon etwa 1 cm dicke Scheiben schneiden. Backblech mit Backpapier belegen, Scheiben in gleichmäßigen Abständen daraufsetzen und im vorgeheizten Backrohr bei 180 °C etwa 15 Minuten backen.

Kuvertüre im heißen Wasserbad schmelzen und die ausgekühlten Scheiben mit Schokospritzern verzieren.

Erst einen Weihnachtspunsch, dann eine Geschichte ...

Dieser Adventskalender mit einem Getränk für jeden Tag ist ein wunderschöner Begleiter auf dem Weg zu Weihnachten. Warum nicht jeden Tag eine Ruhepause einlegen, ein wärmendes oder erfrischendes Getränk genießen und sich von seinem Sternengeheimnis überraschen lassen?

Der Advent ist die Zeit der kleinen Geschenke und Überraschungen. Dieser poetische Adventskalender inspiriert dazu, sich in der Adventszeit immer wieder allein oder zusammen mit lieben Menschen zu verwöhnen und zur Ruhe zu kommen.

Mit 24 Adventskalender-Karten zum Heraustrennen

80 Seiten, durchgängig vierfarbig
ISBN 978-3-86214-038-1
[D] 14,95 € [A] 15,40 € [CH] 23,50 SFr

www.allpart-verlag.de

Glossar

Agavendicksaft	natürliches Süßungsmittel, auch für Diabetiker und Veganer geeignet
Busserl	österreichische Bezeichnung für Makronen oder Spritzgebäck. Werden glatt oder gezackt aufdressiert.
Dampfl	österreichische Bezeichnung für Vorteig
Germ	österreichische Bezeichnung für Hefe
Kipferl	österreichische Bezeichnung für Hörnchen
Kletzen	getrocknete Birnen
Krapferl	österreichische (speziell burgenländische) Bezeichnung für Kekse
Marillen	österreichische Bezeichnung für Aprikosen
Pottasche	weißes, laugig schmeckendes Salz, wird in Flüssigkeit aufgelöst, bevor es unter den Teig gemengt wird; dient zum Lockern von Lebkuchenteigen.
Rahm	österreichische Bezeichnung für saure Sahne oder Schmand
Makronen	Gebäck, dessen Hauptbestandteil Mandeln und Rohmarzipan ist
Schlagobers	österreichische Bezeichnung für Sahne
Zwetschge	Pflaume